WAC BUNKO

「日本」を「ウクライナ」にさせない！

中露の静かなる侵略に気づかない日本

大高未貴

「日本」を「ウクライナ」にさせない！

中露の静かなる侵略に気づかない日本

◉目次

第一章　安倍晋三元総理の屍を越えて「歴史戦」に打ち勝つ

潟の覚悟、見習え軍艦島の島民の勇気／歴史戦において〝沈黙は金〟ではなく〝毒〟になる／国士がいなくなった！

第四章　立憲を「代表」する逢坂誠二議員の「反日主義」を解析する！

反社会的勢力とのつながりの有無／中国資本流入の弊害にはノーテンキな道新／民族の魂（母国語）を奪う中共の狙いとは／中国人向けのプロモーションに積極的だった逢坂誠二市長／本当に日本の国会議員？／あなたは中国政府の代理人か？／南京に慰霊のために訪問せよと安倍総理に説くとは？

装幀／須川貴弘（ＷＡＣ装幀室）

第一章

安倍晋三元総理の屍《しかばね》を越えて「歴史戦」に打ち勝つ

安倍晋三元総理の慧眼に改めて感謝

安倍晋三元首相の突然の訃報に日本が深い哀しみに包まれた。JFK（ケネディ）暗殺を彷彿《ほうふつ》とさせる白昼の犯行に「SPはなにをやっていたのか」「見せしめ？」など、様々な憶測が飛び交った。容疑者の精神鑑定もあり、また背後に何かあるのか等々の真相の解明には時間もかかるだろうが、それでも残された我々が悲嘆にくれている時間はないほど日本を取り巻く国際情勢は逼迫《ひっぱく》している。安倍氏の〝遺志を受け継ぎ、実現する〟ことが後に残されたものたちの責務であろう。

安倍氏が遺《のこ》した未完の案件の一つに慰安婦問題がある。安倍政権下、二〇一五年十二月、日韓合意が締結された。慰安婦問題について日本が韓国に十億円を支払い、「最終的かつ不可逆的な解決を確認」した合意だ。

これには保守派も左派も激高した。保守派は「そもそも慰安婦問題は韓国と日本の活動家がでっちあげたもので、何で日本が金なんか払う必要があるのか。一九六五年の日韓協定で解決済みだ。国際社会からは日本側にやましいことがあったから金を払ったんだろうとみられるのがおちだ」といった声。

左派からは「日本から真摯《しんし》な謝罪もなく十億の金なんかで慰安婦の気持ちを無視して合意するなど許せない」というものだが、これは建前であろう。活動家の本音は慰安婦問題を継続させることによって私腹を肥《こ》やせるし、日韓分断工作も功をなすといったものだ。

なにしろ旧挺対協（現在は日本軍慰安婦支援団体「日本軍性奴隷制問題解決のための正義記憶連帯」＝正義連）には、慰安婦問題で毎年約一億円の支援金が集まっており、慰安婦に渡ったのは、そのうちの十数パーセントにすぎなかった。前代表の尹美香《ユンミヒャン》現韓国国会議員は、あからさまに私腹を肥《こ》やしていたことが発覚、起訴され、現在も裁判が継続中だ。

恥ずかしながら、私も日韓合意第一報を聞いたとき、「そんなバカな妥協ってあるだろうか！」と安倍氏に裏切られたような気がしていた。しかし歳月を重ねるうち、その考えは変わった。案の定、韓国の活動家は日韓合意など無視して、国内外に慰安婦像を建てまくりソウルの日本大使館前の少女像撤去にも応じなかった。それに呆れた日本は、「やはり韓国は国家間の約束も守れない、近代国家の体《てい》をなさない国」と、この問題を俯瞰《ふかん》するようになった。日韓合意は韓国の病理を炙《あぶ》り出したのだ。

なにしろ「最終的かつ不可逆的な解決」という言質《げんち》をとったことは、オセロゲームでいえば角を取ったようなものだ。日韓合意は米国の圧力により日韓双方でしぶしぶ応じたという指摘もあるにせよ、この合意を締結させた安倍氏の慧眼《けいがん》に敬意を表したい。

というのも、この合意が慰安婦資料のユネスコ（国際連合教育科学文化機関）記憶遺産登録の見送りに与えた影響は大きい。合意を受け、韓国政府も慰安婦を登録させようとしていた韓国のプロジェクトチームへの支援を一旦は打ち止めにし、チームは解散するはめに陥ったのだ。

その間、日本政府はユネスコへの拠出金も大幅に削減させ、ユネスコ記憶遺産には「透明性」と「公平性」を求めることができた。

安倍氏の訃報を受け、韓国では「歴史を歪曲《わいきょく》し、慰安婦強制連行を否定した歴史修正主義者」といった報道がなされた。私も以前、ソウルの日本大使館前の少女像の前で活動家らが日本国旗と安倍氏の顔写真に落書きをして踏みつけるパフォーマンスを目撃し、胸が痛くなった事がある。同時に、二〇一八年韓国駆逐艦による海自P－1哨戒機への火器管制レーダー照射事件など、どんなに韓国が非道な侮日行為をしようとも、日本の街中で韓国大統領の写真や国旗を焼くような品性下劣な行為が見られないことを誇りに思う。

話はそれたが、安倍氏は歴史認識問題において河野洋平氏と違い無用な妥協をせず、毅然《きぜん》と対処したからこそ怨嗟《えんさ》の的《まと》になっているとも感じた。

日韓合意は、鬼籍《きせき》に入ってもの言えぬ日本軍兵士、慰安婦のみならず、誤った洗脳教育を受け続けている日韓双方の子供たちをも守る最大限の防波堤となり、悪質なプロパガンダの前に立ちはだかっているのだ。韓国では、変節をした文在寅政権に代わって、保守政権である尹錫悦政権が春に発足したが、前途は多難というしかない。

最悪の両論併記

ただし、慰安婦問題は日韓合意により一件落着と思っていたら大間違いだ。性懲りもなく、韓国側は水面下で国連を舞台に対日地雷を仕掛けていた。

実は慰安婦資料のユネスコ世界記憶遺産登録を巡り、熾烈な情報戦が展開されているのだ。二〇一六年、相反する主張を持つ二つの団体が、それぞれの主張を裏付けるとする資料を「ユネスコ記憶遺産」に登録申請している。

二つの団体とは「慰安婦の声」派（主に韓国が中心となり、信憑性に乏《とぼ》しい慰安婦の証言をもとに対日批判をしている）。もう一つが「日本軍の規律」派（主に日本が中心となり河野談話や性奴隷を否定している）である。双方の見解を簡単に説明すれば「慰安婦は日本軍の性奴隷だった」vs.「性奴隷などではなく慰安婦は雇い主と契約していたし、日本軍の規律は保たれていた」というもの。

このような前代未聞の事態にユネスコは登録を先送りし、IAC（International Advisory Committee、国際諮問委員会）は二〇一七年、関係者同士で対話をするように促した。二〇一五年、中国が申請した南京大虐殺に関する資料は、日本側の官民連携がとれず、史実とは異なる中国のプロパガンダが登録されてしまったことは記憶に新しい。

それに比べて慰安婦登録は先送りとなり、日本側が油断していた。その合間にも、韓国側の国連に対する執拗なロビー活動が功を奏し、早ければ今秋行われる二団体対話の先に、最悪のシナリオ〝両論併記〟の可能性が浮上したのだ。

「すでに論破されつくされている虚偽情報」vs.「第一次資料に基づく学術的な検証」であるにもかかわらず、両論併記なんかされたら「虚偽情報」がきちんとした検証と同等のレベルに格上げされ、あたかも真実であるかのようにユネスコ記憶遺産に永久登録されてしまう。そもそも「慰安婦の声」なんて、活動家が慰安婦に発言内容を指導していたことは、元東久留米市議会議員の舘雅子《たちまさこ》氏の直接証言（ニセ慰安婦をデッチ上げた張本人は日本人であることを証言）があり、その証言を裏付けする資料も入手している（舘証言に関しては、拙著『捏造メディアが報じない真実』ワック、を参照されたし）。

詐話師・吉田証言〜クマラスワミ〜対日勧告！

また、慰安婦証言の信憑性は様々な角度から調査され、日本政府も杜撰《ずさん》な調査しかしていなかったことが明らかになっている。にもかかわらず、日韓の詳しい歴史や日韓分断工作に絡む北の謀略など知らない外国人が読めば、センセーショナルな虚偽情報にいとも簡単に騙されないだろうか。現に、クマラスワミ報告、マクドゥーガル報告など、国連のお粗末な報告書が存在していることは周知の事実だ。

ユネスコ記憶遺産は「残すに価値ある記録を世界万民のために保護し、永久に利用可能にする事業」といった趣旨になっているが、すでに論破されている虚偽情報まで永久に残されては本末転倒だ。

ちなみに多くの多くの国連機関は慰安婦問題に関して、悪名高いクマラスワミ報告を下敷きに対日勧告を行っている。スリランカのクマラスワミ女史が出した報告書は、朝日新聞ですら虚偽と認めざるをえなかった吉田清治証言（吉田清治の正体については、私が吉田氏の息子さんに取材してまとめた『慰安婦像をクレーン車で撤去したい』〈二〇一六年九月号の『新潮45』〉を参照いただきたい。吉田氏は済州島で慰安婦狩りをしたなどと著作に書いているが、実際には済州島には行かず、家で地図を見ながら執筆していたと息子さんは証言）などがベースとなった報告書に値しない代物だ。その程度のリサーチにも関わらず、クマラスワミは居丈高に以下の勧告を行っている。

（a）日本政府は次のことを行う必要がある
1）日本政府は法的責任を認める事
2）個々の被害者に補償金を支払い、関連するすべての文書を開示する事
3）公に謝罪する事
4）日本の学校で教える事
5）加害者を罰する事
（b）NGOは、国連機構内でこれらの問題を提起し続ける必要がある
（c）韓国と北朝鮮政府は、法的な問題（責任と補償の支払い）の解決を支援するために

国際司法裁判所（ＩＣＪ）への提訴を検討する事

ともあれ吉田清治氏の虚偽話などをもとに、日本政府に対して、「謝罪しろ！　金を払え！　教科書で教えろ！」など、常軌を逸した言いがかりに等しい。

そして、一九九六年にクマラスワミ報告書が出されたことにより、更に事態は悪化する。読者もこの時何故外務省は反論しなかったのか？　と思う方もおられるだろう。クマラスワミ報告書に関しての驚愕の事実は後述するが、最初に、クマラスワミ報告がベースとなった国連機関における性奴隷慰安婦対日勧告を紹介する。

一九九六年二月　クマラスワミ報告を人権委員会で採択
二〇〇一年九月　社会権規約委員会（ＣＥＳＣＲ）
二〇〇三年八月　女子差別撤廃委員会（ＣＥＤＡＷ）
二〇〇七年八月　拷問禁止委員会（ＣＡＴ）
二〇〇八年十月　自由権規約委員会（ＣＣＰＲ）

二〇〇九年八月　女子差別撤廃委員会（CEDAW）……

今日までこのように続き、人権理事会、国際労働機関（ILO）を含めてクマラスワミ報告から二十六年間、勧告された回数は十五回以上にも上る。

二十六年間も虚偽を元にした勧告をする方もする方だが、日本政府にも問題はあった。

国際社会にSEX SLAVEをばら撒かれた

そもそも慰安婦とは何か？　ハーバード大学のラムザイヤー教授の定義でいえば、「prostitute（売春婦）」だ。ところが一九九四年の国連女子差別撤廃委員会の勧告では「confort woman（慰安婦）」ではなく「性搾取されたアジアの女性」という表現が使われていたし、世界では「confort woman」が流布していた。何故当初から〝売春婦〟という言葉を避けたのか？　これは日本人ならわかると思うが、〝慰安婦〟と露骨な表記することによって彼女たちを貶めるようなことを避けたのだった。

そして一九九八年に「so called confort woman（所謂《いわゆる》慰安婦）」にすげかえたのが外務省だった。外務省は日本政府報告書で自から（so called）という枕詞をくっつけ問題の本質をオブラートに包み、それぞれの思惑を持つ活動家らが拡大解釈しやすいようにしたのだ。更に文書の中で「謝罪しお詫びをした」といった趣旨を盛り込んだのだから、あえて国際社会に誤解を招いたといった批判も免れない。

実はその二年前、一九九六年に国連ではＳＥＸ ＳＬＡＶＥ（性奴隷）という表記が蔓延していた。弁護士の戸塚悦郎氏が一九九二年から〝慰安婦は性奴隷だ〟などと国連でロビー活動した結果だ。彼の国連ロビー活動は、一九九二年から一九九五年の四年間で海外渡航十八回、うち訪欧十四回、訪米二回、訪朝一回、訪中一回と執拗に繰り返された。戸塚弁護士らの異常な活動の結果、一九九六年に彼の性奴隷説が国連公式文書に採用されたといえる（『ＳＡＰＩＯ』二〇一二年八月二十二＆二十九日号参照）。

そして戸塚氏がロビー活動を始めた四年後、九六年二月に国連の人権委員会（現在の人権理事会の前身）がクマラスワミ報告を採択したのだ。国連委員の関心を惹《ひ》く為に「性奴隷」などといったどぎつい言葉で慰安婦を表現したことが功を奏し、日本発で日本を不当に貶める国際謀略が展開されたのだった。

このように、日本人のあずかり知らぬところで、勝手に戸塚氏が国連を舞台にＳＥＸ ＳＬＡＶＥなる不適切で慰安婦に対しても失礼な表記を浸透させ、そういった空気が蔓延した国連に、もはや曖昧な「so called confort woman」などという曖昧な表現ではなく、外務省ははっきりと「prostitute」というわかりやすい言葉を使用すべきではなかったか。慰安婦問題は史実がどうであったのかという検証をなおざりにした歴史戦に突入していて、現在進行形の戦争だ。にもかかわらず敵の最大の弱点を潰さない曖昧戦術をとれば、大きな禍根を残し、結果、日韓双方の子供たちに不必要な負の遺産を残してしまうことになる。当時、日本における慰安婦問題の論点は強制連行があったのか否かで、大半の日本人は戸塚氏が国連にばら撒いた性奴隷などという概念も知らずにいたというのが最大の不幸だった。

何故キリスト教が慰安婦問題を流布するのか?

もう一点、忘れてはならないのが慰安婦プロパガンダの背景にキリスト教関係者が多いことだ。

二〇〇一年はバチカンにとって頭の痛い年だった。何故なら南アフリカで国連主導によって開催された「ダーバン会議」の主題の一つは、〝奴隷貿易〟に対する責任の追及、並びにNGOフォーラムによる賠償の要求だった。
　ダーバン会議における「宣言」の一部を紹介する。

「大西洋越え奴隷取引などの奴隷制度と奴隷取引は、その耐え難い野蛮のゆえにだけではなく、その大きさ、組織された性質、とりわけ被害者の本質の否定ゆえに、人類史のすさまじい悲劇であった。奴隷制と奴隷取引は人道に対する罪であり、とりわけ大西洋越え奴隷取引はつねに人道に対する罪であったし、人種主義、人種差別、外国人排斥および関連のある不寛容の主要な源泉である。アフリカ人とアフリカ系人民、アジア人とアジア系人民、および先住民族は、これらの行為の被害者であったし、いまなおその帰結の被害者であり続けている」

　当該国に補償をもとめたNPOフォーラムの宣言にはこうある。

「大西洋越え奴隷貿易、サハラ地域越えおよびインド洋越え奴隷貿易、奴隷制およびアフリカの植民地化に関与し、そこから利益を得た米国、カナダ、ヨーロッパ諸国、アラブ諸国は、世界会議から一年以内に、これらの人道に対する罪の犠牲者のために、国際的な補償機構を設置することを、われわれは要求する」

ここではバチカンの責任は名指しこそされていないが、責任の所在は一目瞭然だ。皮肉なことに、あらゆる反日問題の源流を探ってゆくとたどり着くカトリック教徒・武者小路公望氏ですらこう断言している。

「奴隷貿易を始めたときの西欧は、今日の世俗化に先立つ時期のキリスト教世界でした。(略)『カトリック教会と奴隷貿易』の問題は、ローマ教皇の司牧責任の問題です」(『カトリック教会と奴隷貿易』西山俊彦)。

西山氏はカトリック司祭で、靖國合祀取消し訴訟などにも関わっているが、奴隷貿易関与を素直に認めて謝罪しない教皇庁の姿勢に疑問を呈し、アフリカなども現地取材し、教会の奴隷貿易関与の証拠を著作の中で紹介している。二〇〇五年に出された同著にはこうある。

「日本人奴隷貿易が秀吉による「伴天連追放令」の明確な理由となったこと、そして、これに対する教会責任者G・コエリョ准管区長の応答が輪をかけたこと（秀吉の詰問に誠実に答えなかった）も想像に難くありません。（略）日本人奴隷貿易が引金となって宣教師は追放され、高山右近は失脚し、日本二十六聖人等の殉教から鎖国へと暗転して行ったのですから――キリシタン時代の人権意識がこれっぽっちのものでしかなかったために、無数の日本人が世の辺境に名も知れず霧消して行った、と同時に大迫害・殉教の嵐が続く醜く厳しい鎖国潜伏時代の幕開けとなりました」

サンパウロという名の出版社から出版された本の帯には「日本カトリック司教団」のメッセージも寄せられ、日本カトリック司教たちがイエズス会の功罪と秀吉の伴天連追放令の因果関係を知らなかったとは到底思えない。にも関わらず一体何故、長崎の潜伏キリシタン資料館は日本側からの視点がすっぽりと消されているのか？　慰安婦問題と関連するので、以下、それについてコメントしておきたい。

「奴隷売買」の事実を隠す!?

というのも、二〇一八年五月、朝日新聞が嬉々として報じている記事に妙な胸騒ぎを覚えたからだ。なにしろ主役の大浦天主堂を、自社ヘリコプターまで飛ばして空撮までしている。

「長崎・天草、世界文化遺産に登録へ　潜伏キリシタン遺産」との見出しで、朝日は三面に及ぶ特集を組んでいた。

「潜伏キリシタン、壮絶な悲劇の歴史　世界文化遺産登録へ」「(略) 長崎・熊本両県の12の資産が語りかけるのは、近世のキリスト教弾圧のなかでも信仰を継続し、解禁後の『復活』に至る潜伏キリシタンの歴史だ。16世紀、宣教師の来日とともに急速に広がったキリシタン勢力は権力者の警戒を呼び、17世紀初頭、江戸幕府は禁教を断行する」「潜伏キリシタンとは?　『かくれキリシタン』と違うの?」(二〇一八年五月四日)

そして六月三十日、バーレンで開催されたユネスコ審査会で正式に登録が決定された。しかし、この世界遺産登録には深い闇があるように思えてならない。ポイントは「潜伏キリシタン」という表記。文化庁は当初、二〇〇七年の時点では「長崎の教会群とキリスト教関連遺産」という題目で、ユネスコの世界遺産（文化遺産）登録をすすめていた。ところが、二〇一六年二月初旬、国際記念物遺跡会議ＩＣＯＭＯＳが推薦内容を〝150年の禁教時代に特化すべき〟と指摘したため、政府は一旦、推薦を取り下げたものの、構成資産の再検討に入り、ＩＣＯＭＯＳの意向に沿う形で二〇一六年に「長崎の教会群とキリスト教関連遺産」から「長崎と天草地方の潜伏キリシタン関連遺産」と改名して再申請をしたのだ。

問題は、〝潜伏キリシタン〟に焦点をあてることにより、何故豊臣秀吉が伴天連追放令を出したのか？　江戸幕府が禁教を命じたのか？　という歴史がかき消されていることだ。秀吉は、イエズス会が長崎を拠点に日本侵略を目論み、なおかつ日本人を奴隷売買してアジアや欧州に送りこんでいたことに激怒し、伴天連追放令を出したのだった。

キリスト教会が震源地

カトリック教会の日本組織は東京都千代田区に駐日ローマ教皇庁大使館があり、特命全権大使に教皇庁からジョセフ・チェノットウ大司教が派遣されている。これはバチカンの大使館にあたるもので、実務は長崎大司教区・高見大司教が二〇一六年から会長を務める〝日本カトリック司教協議会〟が取り仕切っている。

日本カトリック司教協議会を調べてゆくと、なんと慰安婦問題の国内における司令塔「戦争と女性への暴力」リサーチ・アクション・センター通称VAWW RAC（バウラック）とつながった。〝日本軍性奴隷制を裁く「女性国際戦犯法廷」〟を宣伝する二〇〇〇年当時の広告チラシにはスポンサーに「VAWW-NET（バウネット）」とあり、住所が日本カトリック司教協議会と同じ「東京都江東区汐見2-10-10」となっていた。

バウラックとバウネットは同一組織で、前者は朝日新聞元記者で渋谷の山手教会の牧師の娘でもある故・松井やより氏が代表を務め、一九九八年に発足した。二〇一一年にバウラックと改称し、現在の住所は〝西早稲田2-3-1〟の早稲田奉仕園となっている。ここには慰安婦や女性国際戦犯法廷をテーマとした「女たちの戦争と平和資料館」がある。女性戦犯国際法廷は、韓国政府が日本政府に慰安婦問題の賠償を求める根拠としており、第二次世界大戦における日本軍の従軍慰安婦問題の責任は昭和天皇にあるなどとして昭和天皇を断罪している。又、韓国や海外で少女像などを建てている韓国挺身隊問題対策協議会（現・正義連）などとも連携。ちなみにこの模擬法廷には北の工作員の関与があったことものちに判明している。挺対協初代代表の尹貞玉氏の故郷は北であり父親は牧師。現常任代表の尹美香氏は、韓神大学校の神学科卒後、梨花女子大学校大学院でキリスト教学科を修了している。

正平協と中核派と北と沖縄

日本カトリック司教協議会の傘下に、教会の枠をこえて活動に取り組む社会司教委員会が置かれ、その中に正義と平和協議会（正平協）や部落差別人権委員会といった組織が六つある。

桝本矛人氏のレポートによれば、正平協事務局長だった木邨健三氏や、日本キリスト協議会（NCC）総幹事の大津健一氏などが、『希望の21世紀』（二〇〇〇年に日本赤軍が結成した組織）や百万人署名（公安当局が中核派主導で開始されたと認定）に所属教団役職名で呼びかけ人協力していたことを指摘している（『月曜評論』キリスト教者と極左過激派集団　平成十五年三月号』）。

正平協は二〇〇〇年代に入ってから〝9条死守　百万人署名！〟〝天皇制反対〟〝従軍慰安婦の国家補償を〟〝靖國参拝反対〟〝教科書問題〟などに積極的に取り組み、近年では沖縄の反基地活動に力を注いでいる。例えば、百万人署名のサイトを検索すると『辺野古ゲート前で2000人が抗議集会　国・防衛省からの8月にも土砂搬入を開始するという通告に対し、二〇一八年七月七日（土）午後、辺野古の米軍キャンプ・シュワブゲート前で、『ジュゴン・サンゴを守れ、土砂投入を許さない辺野古新基地建設断念を求める県民集会』（主催：辺野古に新基地を造らせないオール沖縄会議）が開かれました』（二〇一八年七月十二日）とある。

沖縄の反基地活動といえば中国、北朝鮮の対日工作活動が囁かれているが、基地反対活動といえば正平協が発行している機関誌に、正平協沖縄分科会に参加した十六名の報告があり「沖縄本島北部・高江でのヘリパッド建設反対活動で、交代で座り込みを続ける『シスターリレー』の経験者も複数おられました」（ＪＰ通信　二〇一八年四月一日）とある。

沖縄で知人の敬虔なカトリック教徒に意見を問うと「これは問題です。というのも米軍基地内にも当然、教会があって従軍司祭や司教、そして信徒達がいます。同じキリスト教徒同士がフェンスを隔てて対立の構造を生み出している矛盾に、双方とも困惑しているのが現状です」と戸惑いを隠さなかった。

私は二〇一八年に長崎の潜伏キリシタンが世界遺産登録された際、二〇一五年に開館した浦上クリスチャン資料館を訪ねた。ここは浦上天主堂近くの商店街にあり、探すのに一苦労した。展示室には高見三明大司教の生い立ちを紹介するパネルや、〝比類なきキリシタンの検索制度〟と題されたパネルがあった。「徳川幕府のキリシタン検索制度はその方法が緻密厳重を極めたこと、二世紀半の長期にわたり、止むことなく続けられた事で、世界の歴史に比類ない、異常な非人道的な制度であった」とある。二〇〇七年に米下院で可決された慰安婦対日非難決議の一文「残虐性と規模において前例のない20世紀最大規模の人身売買のひとつである」と重なって見えやしないか。

こうして歴史を振り返れば、バテレンに性奴隷として東南アジアに人身売買で売り飛ばされていた日本人の悲劇が「潜伏キリシタン世界遺産登録」によって封印され、日本人はキリシタンを弾圧した野蛮な民族として世界にPRされるはめになった。更に、奴隷売買の本家本元、バチカンの功罪こそ真摯に追求し、贖罪意識を持たねばならないキリスト教徒の一部が慰安婦を性奴隷に置き換え、対日批判をして自分たちの罪を相対化させているのだから、なんとも理不尽な話だ。

「噴飯物の反日団体」との決着の時

ともあれ、前述した対話を促されている二団体の「日本軍の規律」VS「慰安婦の声」は、「日本vs.韓国」ではなく、厳密に言えば国際連合体の戦いである。

「慰安婦の声」を束ねるキーパーソンは一九五〇年生まれの韓国人大学教授・外交官で国連勤務経験のある申海泆《シンヘソ》氏。経歴を見ると、北朝鮮との関係が深いことがわかる。国連に申請した団体「慰安婦の声」は、彼女が各国の団体に声がけをし、束ね、九カ国十四団体の「規模」を誇っている。その中心は韓国の正義連と日本の特定非営利活動法人「女たちの戦争と平和人権基金」と推測できる。

申海洙氏は一九九三年から二〇〇〇年まで韓神大学校神学部で教授をしていたが、この大学は、正義連の前代表、尹美香氏の母校だ。

申海洙氏は女性差別撤廃委員会委員、「女性に対する暴力に関する詳細調査」国際諮問委員会委員、国連人権政策センター代表などを歴任している。彼女が国連で登用された時期は潘基文氏が国連事務総長だった時期と重なるので、彼女を国連で登用し要職につけたのは潘基文氏とみて間違いない。

ちなみに前述した「女たちの戦争と平和人権基金」は、NPO団体であり、「基金」の名がある通り、募金の集金力があり、新宿早稲田に土地建物を持っている。建物はアパートを兼ねており、年間家賃収入は四百万円という。韓国の旧挺対協・正義連と同じく大変潤沢な資金を持っている。慰安婦問題は反日活動家の重要な資金源なのだ。

一方、「日本軍の規律」派を支える特定非営利活動法人・歴史の真実を求める世界連合会（GAHT）副理事長の細谷清氏は、二〇二二年八月の時点で、今後の見通しについて次のように話している。

「対話の方法の決定も固まりつつあり、対話は早ければ今年中にも始まる見通しです。

いずれにしても最初の対面式の対話が、パリのユネスコの事務所で行われるでしょう。相手側は対話に積極的に応じる意向を見せています。二〇一七年、対話を促す勧告が出て以降、『慰安婦の声』派は、ユネスコへの抗議を兼ねて直後に、パリ、その後ソウルで六回、東京で一回、計八回もの会議を開催しています」

GAHTはホームページで「順調にいけば、今年中には両者の対話がパリのユネスコ本部で実現する見込みです」「その対話の為に派遣団を組み、少なくとも数度の対話が行われ、希望的な観測ですが、いずれ『慰安婦制度-日本軍の規律』が受理されるものと期待しております」「現在、対話の形式、使用言語、議事録、代表者の確認方法等で、意見の交換をして決着を目指してます」と、現状と見通しを報告している。

決着の時が近づいているのは、間違いないだろう。

看過できないアルゼンチンの特別報告者レポート!

ところで、日本ではまったく報じられていないが、アルゼンチン人のファビアン・サルビオリ氏が二〇二二年六月八日から十五日まで国連の特別報告者として訪韓し、こんな報告をしている。

冒頭から「韓国滞在中、私は外務省、法務省、行政安全部、男女共同参画と家族省、国防省、文部省、警察庁、韓国国立公文書館、国家人権委員会、真実和解委員会、民主化運動真実委員会、民主化運動活動家名誉委員会回復と補償、議会や司法の関係者、被害者とその家族などに会った」とあり、「私は日本の植民地支配の間に耐えられた人権と人道法の重大な違反の報告を受けました（女性と少女の日本の性的奴隷化と労働力と兵士としての女性と男性の強制動員、そしてサハリンの虐殺を含む朝鮮人）略」という訴えではじまる。そして最後のまとめはこうだ。

《深刻な人権侵害の被害者や、いわゆる「慰安婦」などの第三国の直接的または間接的な関与による人道法違反の被害者、済州、朝鮮戦争、光州、サハリン韓国人の被害者の状況について、そして拉致被害者と戦争の囚人、私はそれらの国の当局に、真実へのアクセス（国の記録とアーカイブへの完全なアクセスを含む）、説明責任、補償、そして彼らが被《こうむ》った害の追悼を提供する任務を支援するよう呼びかけます。韓国の当局は、被害者に救済を提供するために必要な措置が政府によって採用されることを確実にするために、これらの政府と積極的に関与する必要があります。この点に関して、私は、犠牲者の黙認なしに締結され、彼らの要求を残した、いわゆる『慰安婦』問題に関する日本と韓国の間の二〇一五年協定を改訂するためのいくつかの国際人権メカニズムからの訴えを思い出したいと思います。真実、正義、そして完全な賠償は取り組まれていません（略）》

ざっと読めば日韓分断工作のみならず、北朝鮮の対南工作に対する韓国の対北政策に関しても〝人権問題〟にすり替えて一方的にセンセーショナルな情報を吹き込み、サルビオリ氏に北朝鮮のプロパガンダの片棒を担がせるような報告書を書かせようとしていることは容易に想像がつく。

というのも、サルビオリ氏は過去の経歴から朝鮮半島のエキスパートなどではなかったことが窺えるからだ。何故なら二〇一九年九月の国連総会で、二〇一八年八月から二〇一九年六月までの活動報告書が提出されているが、彼はコロンビア、エルサルバドル、ガンビア、チュニジア、ネパールの訪問申請をし、ブラジル、カンボジア、コロンビア、コートジボアール、グアテマラ、ギニア、インドネシア、日本、ケニア、ネパール、コンゴ民主共和国、ルワンダへの申請は、本報告書作成の時点ではペンディングとなっている。つまり、特別報告者となった時点で、韓国へは訪問申請すら出していなかったということになる。ではいつ頃から韓国と接点ができたのか？

おそらく二〇一九年三月十九日に大韓民国のチェジュで開催された、人権に関するシンポジウムに参加したことに起因するのではなかろうか？　というのも、サルビオリ氏は二〇一九年にイ・ヨンス氏に会っていた時の写真が、今年、訪韓前にYonhap News Agency（二〇二二年六月九日付け）で報じられているからだ。

そして国連報告によると、サルビオリ氏は二〇一九年七月一日から二〇二〇年六月三十日の間にボスニアヘルツェゴビナ、クロアチア、ガンビア、韓国、セルビア、チュニジアの訪問を申請し、これらの国々からの肯定的な回答をもらっていたのだが、パンデミック蔓延の折からこれらの公式訪問を延期しなければならなかった。その代わりに、ブルンジ、スペイン、UK、北アイルランド、スリランカ、チュニジア、ウルグアイに前任者が行った訪問報告に報じられた勧告の適用実態の評価を行った。（パンデミックの）規制が緩和されてきているので、訪問のスケジュールの再調整をしている。

一連の流れを推移すれば、サルビオリ氏はそれまで韓国に関する調査や研究をしてきたことがなく、二〇二二年に訪韓し、たった一週間程度の滞在で十分な検証もないまま見聞をまとめたと考えざるを得ない。又、スペイン語（アルゼンチンの公用語）で、サルビオリ氏の名前とＣｏｒｅａ、Ｋｏｒｅａを何度も検索をしてみたが、何の論文もヒットしなかった。ともあれサルビオリ氏の群細な報告書は二〇二三年九月に国連人権理事会に提出されるというのだから、その前に、ラムザイヤー論文に目を通し、韓国の慰安婦詐欺清算連帯のメンバーでもある国史教科書研究所の金柄憲《キムビョンホン》氏などにもヒヤリングをして史実に基づいた報告書を書いていただくことを願わずにはいられない。

ちなみにイ・ヨンス氏といえば、韓国を代表する元慰安婦として世界を飛び歩き外交舞台でもスポークスマン的役割を果たした女性だ。トランプ前米国大統領が訪韓した際もトランプ氏にハグしたり、米国ではマイク・ホンダ議員とオープン・カーでパレード、米公聴会で泣きながら証言するなど、韓国では有名人だ。余談になるが、韓国の一部の女子の憧れの仕事は慰安婦だという。これは冗談ではなく、イ・ヨンス氏のように、反日ジャンヌ・ダルクとなってテレビに頻繁に登場し、華やかな外交舞台での活躍する姿は慰安婦の仕事の内容がわからない少女たちにとってカッコイイおばあちゃんなのだ。彼女の公的な場所での証言の矛盾・変節ぶりは以前から指摘されていた。二〇二〇年、尹美香氏はイ・ヨンスから〝寄付金を私物化している〟と指摘され、そのお返しに〝イ・ヨンスは日本軍の慰安婦ではなかった〟とその正体を暴露されている。

私もイ・ヨンス氏が来日した際、彼女の証言会に参加したことがある。彼女の証言がコロコロ変わることは周知の事実だが、そんな批判はものともせず、まるで芸能人のような貫禄で証言会に登場したことは記憶に新しい。少し気になったのが、彼女の対面、観客席の一番前に中高年の男性がいて彼女が発言するたびに身振り手振りで指示らしきものを出していたことだ。ただでさえ「嘘つきおばあさん」と揶揄されているので、これ以上、周囲から突っ込まれそうな虚言が飛び出さないよう彼女の発言をコントロールする任務でも担っていたのだろうか？

ドイツの不穏な動きを朝日やＮＨＫは黙殺

そんなときに、ドイツからこんなニュースが聞こえてきた。

《独の慰安婦像撤去求める韓国団体が苦戦　街頭活動妨害、面会キャンセル》《慰安婦像の撤去を求め、ドイツの首都ベルリン入りした韓国の市民団体が二十八日、産経新聞と英語ニュース・オピニオンサイト、JAPAN Forwardに対し、現地での活動の様子を伝えてきた。それによると、現地での街頭活動が妨害を受けたほか、予定していた同市関係当局との面会が直前にキャンセルされる事態に陥っている。同団体の活動は、苦戦を強いられているようだ》(産経ニュース/二〇二二年六月二十九日)

今回ベルリン入りしたのは、韓国国史教科書研究所所長で『赤い水曜日 30年間の慰安婦歪曲』などの著作を持つ金柄憲《キムビョンホン》氏、慰安婦詐欺清算連帯代表の朱玉順《ジュオクスン》氏、ベストセラー『反日種族主義』(文藝春秋)の共同著者で、落星台経済研究所研究委員の李宇衍《イウヨン》氏、在韓国ジャーナリストの吉田賢司氏の四人だ。

一行は六月二十六日、ベルリンのミッテ区に設置されている慰安婦像の前で、当局の許可を得て午前、午後の二回にわたり街頭集会を開いた。慰安婦問題が数々の「嘘」でかためられ、国家間の対立までもたらし、さらに双方の子供たちにも誤った歴史を教えているとして慰安婦像の撤去を求めた。

産経の見出しは「苦戦」となっているが、実際には現地で「慰安婦詐欺清算連帯」に反対するために集まったのは、せいぜい六十人程度、中には北朝鮮の国旗が描かれたTシャツを着ていた老人もいたという。

少女像は撤去させるまじと、青い蚊帳《かや》で覆われたが、金柄憲氏は「あの蚊帳は韓国で魚の干物をつくる時のハエよけだ」と苦笑していたという。

活動経費削減のため、「慰安婦詐欺清算連帯」が最初に宿泊した宿は日中三十五度を超える猛暑であったにもかかわらず、冷房もなく、揚げ句には、トイレの排水が詰まり、途中で宿を変えるといったハプニングもあったようだが、無事行程を終え、七月一日、韓国に帰国した。

残念なのは、彼らの動きを報道したのは私が知る限り産経新聞のみで、民放はまったく無視。せめてもそういった活動を日本人が知るべきだと思い、私は、六月十五日放送のDHC虎ノ門ニュースで、韓国市民団体が訪独することを紹介した。本来なら慰安婦問題の嘘をばらまいた朝日新聞が日本人へのせめてもの罪滅ぼしに国内、国際版の第一面で報じるべきだろう。

というのも、NHKは北朝鮮のことを律儀に「朝鮮民主主義人民共和国」と放送で言い続け、拉致問題など、小泉訪朝までほとんど報じることがなかったが、それを拉致関係者に詫び、今後は拉致問題などをきちんと報じるようにしていくと関係者に謝罪したという。それもあって、近年、ニュースでは、拉致関係者の小さな集会でも全国ニュースとして流れることがある。ならば、慰安婦問題でも、国民から強制的に受信料を徴収しているNHKも報じるべきではないか。こういったニュースを封印すること自体、どこの国のメディアなのかと勘繰りたくもなる。日本国民の主流メディアに対する不信感は募るばかりだ。

「少女像はまさに悪意的人種差別の宣伝道具」

「慰安婦詐欺清算連帯」が会えなかったとはいえ、ミッテ区のフォンダッセル区長に意見書を提出してきたことは大変意義深い。長くなるが、近年、東京書籍など慰安婦に関する記述を復活させている日本の教科書編集担当者、教科書検定をパスさせた委員にも、ぜひ読んでいただきたい内容なので、大事な部分を紹介する。

《尊敬するミッテ区長様

私たちが韓国から遠く離れたドイツまで訪ねてきた理由は、これまで慰安婦問題関連資料と慰安婦の証言を綿密に検討した結果、正義記憶連帯とコリア協議会の慰安婦関連主張は全て嘘であり、彼らの主張によって大韓民国が嘘の国と烙印《らくいん》を押される不幸な事態に直面しているためです。大韓民国では一九九一年八月十四日、『キム・ハクスン』という女性が日本軍慰安婦被害者を自認して以来、慰安婦問題は一貫して日本軍が朝鮮の幼い少女たちを強制的に連れて行き性的暴行を日常的に行い、性奴隷生活を強要し、甚だしくは殺害したりもしたという正義記憶連帯の主張が定説として固まってしまいました。

さらに、二〇一一年十二月十四日には水曜デモ一千回を記念し、日本大使館の向かい側の歩道にいわゆる『平和の少女像』を設置し、この少女像を中心に数多くの人が集まり、日本の戦争犯罪責任を追及しています。以後、この少女像は国内に百五十個、海外に三十個以上設置され、そのうちの一つがまさにここにあるミッテ区の少女像です。

特に、ミッテ区少女像の台には『第二次世界大戦当時、日本軍がアジア・太平洋全域で女性たちを性奴隷に強制的に連れて行き、このような戦争犯罪の再発を防ぐためにキャンペーンを行う生存者たちの勇気に敬意を表する』と刻まれています。（略）

さらに、この少女像の設置を主導したコリア協議会は、慰安婦女性をホロコースト犠牲者と同一視し、日本軍に無残に殺害された戦争犯罪の被害者と宣伝しています。（略）日本軍は、慰安所の規定により定められた時間に定められた料金を支払わなければならず、慰安婦は日本軍から受け取った収入を、慰安所の主人と一定の割合で配分しました。慰安婦の中には高額の収入でルビーやヒスイ、ダイヤモンドのような宝石を購入したり、故郷に生活費や学費などを送ったりした慰安婦もいました。正義記憶連帯とコリア協議会が主張する戦時性暴行被害者、日本軍性奴隷、ホロコースト犠牲者という主張は全て偽りです。（略）

日本軍慰安婦になるためには、慰安所の主人と契約を締結した後、管轄警察署に直接出頭して身分証明書を発給してもらわなければ出国することができず、現地に到着しても現地領事館警察署に出頭して各種書類を提出し、営業許可を得て初めて慰安婦生活ができました。

このような厳格な手続きは誘引・誘拐や拉致のような犯罪行為では慰安婦を連れて行けないという事実を明白に示しています。そのため、『平和の像』に刻まれた碑文は、すべて日本に対する敵愾心《てきがいしん》を植え付けるための捏造《ねつぞう》された情報です。コリア協議会は少女像を平和の象徴だと主張していますが、偽りをもとに実現できる平和はありません。偽

りは憎悪心を育て、憎悪心は必然的に葛藤と対立を招くことになります。（略）

正義記憶連帯とコリア協議会の慰安婦運動は、慰安婦女性たちの人生を歪曲し、ひたすら日本を憎悪することに血眼《ちまなこ》になってきました。そして、少女像はまさにこのような悪意的人種差別の宣伝道具です。

我々は正義記憶連帯とコリア協議会がこれ以上嘘をつかないことを強く求めます。彼らの嘘により、大韓民国が国際社会から嘘つき国家と烙印を押され、ついに『国際的孤立』という不幸な事態に直面する恐れがあります（略）》

「政治的プロパガンダ」は実に迷惑千万

実に説得力があり、このような意見書が韓国人から出されていることを多くの日本人は知るべきだと思う。ちなみにドイツの慰安婦像についてドイツ在住のジャーナリスト、ライスフェルド・真実《マサミ》氏はこう分析する。

「ウクライナ戦争を巡って深刻な状況にあるドイツ政府は『平和像』のような、はっきり言えばどうでもいい問題に煩《わずら》わされ、仕事を増やしたくない、というのが本音であろう。ドイツ人はとにかく仕事が増えることを嫌う。しかしフェミニズム的テーマを軽視すると、その界隈からのロビー活動がうるさいので、表向きは真剣を装ったとしても、どこも関わりたくないようである。ミッテ区、ベルリン市などのやりとりを見ると、完全に管轄の擦《なす》り合いをしている。

韓国協会（慰安婦像を建てた団体）もそういった官庁の対応を察知し、圧力をかけるため、活動の頻度を増している。ミッテ区やベルリン市は『戦時における性暴力』に関わることは、連邦（国）の管轄であるべき、と上に判断を仰いだ。

これに対し、最近、岸田首相からも話をふられたショルツ首相は、『連邦政府ではなく、ミッテ区が管轄だ』と言及。今のショルツの立場を考えるに、たいして重要でもない韓国の問題に振り回されるのは真っ平だ、という判断だったのだろう。つまり、慰安婦像の永久設置の議論は振り出しに戻ったわけだ。これに喜んだのは、韓国協会だ。ミッテ区議会は、韓国協会とズブズブの政治家が多く（緑の党、社会民主党）、ちょっとロビー活動を行えば、意のままになる、とふんでいるに違いない。実際、ミッテ区評議会は、かなりの極左で批判的人種理論、ＬＧＢＴＱ系のイデオロギー信奉者が多い。

ショルツは、ミッテ区に『勝手にしろ』と言ったも同然で、韓国協会側は、ドイツのトップのお墨付きをもらった、とばかりにミッテ区評議会と永久設置の構想を練っているところだろう。区長のフォンダッセルは、どちらかというと中立を望んでいるようだが、所属する緑の党の同僚からの圧力があり、中立維持が非常に困難な状況にある。なぜなら韓国協会とズブズブの政治家との派閥争いもあるからだ」

私も彼女の見解に同感だ。二〇一三年、米カリフォルニア州グレンデール市に慰安婦像が設置されたとき、ウエイバー市長（当時）に取材したことがある。市長は「どうして東アジアから何千マイルも離れた米国で、日韓歴史論争の火種を植え付けられるのかわからない」と、慰安婦像設置に関して否定的な見解を示した。当該国以外の地で、このような政治的プロパガンダを帯びた像の設置は実に迷惑千万な話だろう。

NHKは放送法違反？

だが、下手すると、ユネスコに嘘にまみれた慰安婦関連資料が登録されるかもしれない。

慰安婦についてハーバード大学のラムザイヤー教授の論文と、論文への批判に対する反論文を読めば、完膚《かんぷ》なきまでに性奴隷説が打ち砕かれていることがわかる（ラムザイヤー教授の見解は、有馬哲夫氏の『「慰安婦」はみな合意契約していた　ラムザイヤー論文の衝撃』ワック、を参照されたし）。

ラムザイヤー教授は「慰安婦が業者と契約していて、彼女らを人身売買していたのは悪質な朝鮮人業者だった」ということを、第一次資料をもとに立証している。ゆえに慰安婦プロパガンダ派や東京裁判史観からの脱却を許すまじとする学者たちが、ハーバード大学の韓国系教授の掛け声に連動し、ラムザイヤー教授に集中砲火を浴びせたのだ。学問の自由もへったくれもなく、名だたる教授達の学者らしからぬ活動家としての醜態をさらしたのも同然だった。

このラムザイヤー論文に対しては、発表以降、異常とも言える反応を米国の学界が示していた。カリフォルニア大学ロサンゼルス校（ＵＣＬＡ）のマイケル・チェ教授が起草した論文撤回を求める声明には、経済学者ら三千人以上が署名したという。さらに声明の中心メンバーと、カリフォルニア州議会議員らは論文を非難するシンポジウムをオンラインで開催している。とりわけ、自称フェミニスト系の学者からの批判が殺到した模様だった。しかし、ラムザイヤー論文を読めば、日本軍は女性たちの人権を守ろうと一所懸命だったことを読み取ることが可能だ。

有馬氏によると、要は、彼らは「売春が女性の人権を踏みにじる制度であると主張したい」のだ。その上で、ラムザイヤー論文は、女性の人権を無視したものだと言い張る。これは「ストローマン論法」（語源は不明。相手の主張を歪めて引用し、その歪められた主張に対して反論するという誤った論法）であって、つまり、書いてもいないし、そんな意図もないのに、書いているとして非難するやり方だと有馬氏は言う。

彼らは、そこまでヒステリックになっているわけだ。批判をしている学者の多くはリベラルだろうが、言われているほど「寛容」でも何でもなく、硬直した「不寛容」な考えをお持ちのようだ。そもそも、「売春」は、日本だけの問題ではない。あらゆる時代、あらゆる国々で行われてきたことだ。それを殊更、戦前・戦中の日本の行為に焦点を当てて糾弾するのは間違っている。

ラムザイヤー論文にヒステリックに反応しているのは、今まで主張してきたことがすべて覆《くつがえ》されてしまうからだと有馬氏は見ているが同感だ。

そもそも、有馬氏が先の本などでも指摘しているように、ラムザイヤー論文は陸軍や内務省の通達など、重要部分が第一次資料に基づいて書かれており、日本政府や日本軍は国際条約に基づき「二十一歳以上でなければ売春できない」『中国に送ってはいけない』とし、悪質な業者から女性を守るため「契約書の内容をチェックしろ」という文書も使っている。要するに、女性たちが強制連行されたのではないか、騙《だま》されて連れてこられていないか、日本政府は眼を光らせていたのだ。

拙著（『反日謝罪男と「捏造メディア」の正体』）でも指摘したことだが、共同通信が二〇一九年末「河野談話を補強する資料が発見された」と報じたことがあった。私も外務省の資料室に行き、『社会問題諮問委員会関係一件』という一次資料を精読したが、強制連行を裏付ける内容は見当たらなかった。一方で、明確な一次資料が存在しているわけだから、ラムザイヤー論文を受け入れるのは当然のことだろう。

なお、有馬氏は、『NHK解体新書』（ワック）を上梓されている。その中に、気になることが書かれていた。NHKの民主化を推進するためGHQの肝煎りで放送委員会が設置されたのだが、そのメンバーを見ると錚々《そうそう》たる左翼人の顔ぶれだ。宮本百合子（日本共産党の宮本顕治の妻）、荒畑寒村（社会主義運動家）、加藤シヅエ（日本社会党衆議院議員）などが中心だった。この残滓《ざんし》が現代にも影響を及ぼしているのではないか。拙著（『捏造メディアが報じない真実』）でも指摘したのだが、「軍艦島」こと、長崎県・端島《はしま》の暮らしを記録したＮＨＫのドキュメンタリー作品「緑なき島」（一九五五年）に対して、捏造《ねつぞう》疑惑が浮上している。要するに軍艦島の映像ではなく、別の炭鉱ではないかと、元島民から指摘を受けたのだ。ところが、ＮＨＫの前田晃伸会長は、国会質疑で「番組の取材・制作に直接関わった人から話を聞けていない」と煮え切らない回答で逃げを打っていた。

有馬氏によると「放送法には、間違いが判明した場合は訂正することと書いてあります。ところが、ＮＨＫは常に『よく調べたけれども、そういう事実はありませんでした』と言って逃げる。そんな答えで済む話ではありません。ＮＨＫは受信料を徴収しているわけですから、放送法に基づいて、ＮＨＫの報道姿勢について追及の手を緩めるべきではありません。

ほかのメディアにしても、ＮＨＫに甘い面があります。ＮＨＫの捏造問題をあまり報道したがりません。朝日が慰安婦問題で認めたように、軍艦島報道も『これは軍艦島ではなく、ほかの炭鉱の資料でした』と訂正させないといけません。いつまでも訂正しないから、韓国はＮＨＫの番組に乗じて、奴隷労働をさせていたと主張しています。ＮＨＫを動かすには、訂正しなければ放送法にも反するので、受信料は払わないと言うのが効果的でしょう」(「WiLL」二〇二一年七月号)と指摘しているが同感だ。

そういう訂正をしないのは、何か後ろめたいところがあるのでは、と勘繰ってしまう。とかくも、NHKの歴史捏造報道は後を絶たない。日本の台湾統治時代を否定的に報じたり、七三一部隊について「生きたまま実験材料にされた人は三千人」と事実に反することを伝える。まさに自虐史観にとらわれて番組制作を続けている。江藤淳氏が『閉された言語空間』(文藝春秋)で指摘したように、WGIP(ウォー・ギルト・インフォメーション・プログラム)が未だに刷り込まれていることを知らなければならない。

NHKがKBSとだけ端末共有!?

「緑なき島」について山田宏参議院議員がNHKを色々と追及しているが、その中で興味深い問答を紹介したい。

二〇二一五月十七日　参議院決算委員会における山田宏参議院議員とNHKの問答だ。

山田宏議員がNHKに「NHKには全国の放送が一括管理されている端末システムが

あり、放送センター七FのKBS東京支局にも共有されているのか」と聞いた。

NHK「ちょっと詳細不明でございますが、基本的にはアクセスできないと思います」

山田(宏)「私はできると聞いている。まあ、お調べいただきたいと思います」

私も同様の話をNHK関係者から以前に聞いたことがある。KBSとNHKはずぶずぶの関係で、NHK放送センターには報道局や全国の拠点放送局（大阪などの大都市）、地域放送局（各県）の原稿や取材予定などがシステムで一括管理されている「報道情報端末」があるという。もしも報道情報端末が放送センター七階の「KBS　東京支局」にも配備されているのだとしたら……。KBSはNHKの取材予定、原稿など「日本の公共放送の　重要情報」を好き勝手に閲覧できる状態にあるのではなかろうか？　そして東京がそうだとしたら、逆にこれと同じ状態がソウルのKBSビルにある「NHKソウル支局」でも行われている可能性はないのか？　もしそうだとしたら、こうした関係を長年続けているのは、独立した国家の公共放送として受信料を強制的に支払わされている日本国民を欺くことになりやしないか？　ちなみにアメリカ在住のNHKに詳しい知人は「NHKはアメリカの3大ネットワークの中で、ABCと協定関係にあるが、報道端末共有などという話は聞いたことがない」という。

従って、NHKがKBSとだけ端末共有しているのだとしたら大問題だし、「緑なき島」捏造疑惑に関してNHKの歯切れが悪い遠因にこういった問題があるのではないかと思い、私もDHC虎ノ門ニュースからNHKに「山田宏参議院議員がNHKには全国の放送が一括管理されている端末システムがあり、放送センター7FのKBS東京支局にも共有されているのかといった趣旨の質問をしていましたが、それは事実ですか？事実だとしたら他にもNHKと協定関係にあるアメリカのABCなどとも共有しているのでしょうか？」

と質問状を送ったのだが、いまだに回答は来ていない。

ともあれ、慰安婦などこれほど重要な問題が、日本国内では終わったかのような空気が醸成《じょうせい》され、大手メディアはどこも報道しない。これこそ、敵の工作である「静かなる浸透」がなされている証拠ではなかろうか。

とはいえ、韓国やアメリカの有識者からも慰安婦問題の虚構が指摘されているのだから、ユネスコ記憶遺産も、まさか両論併記などあり得ないと思った読者も多いのではなかろうか。ところが、驚いたことに日本国内から「両論併記でもいいではないか。世界が両論あると認識するのだから、我々は、今後は正しいことを世界に宣伝すれば嘘は消え、廃《すた》れるだろう」などと能天気に言う人が散見されるのだ。

よもや対話の交渉団体や日本政府・外務省が、両論併記に流されていないだろうか。

私は今後もこの取材を継続するが、日本サイドが安易な両論併記などという妥協の産物に流されないよう、世論形成、国民の鋭い監視の目が必要だ。河野談話、南京大虐殺の二の舞にならぬよう、今度こそ官民一体となって取り組むべきだ。安倍元総理の屍《しかばね》を越えて遺志を受け継ぎながら……。

第二章

媚中派政治家が導入する中共メガソーラー

米海兵隊岩国基地に忍び寄る上海電力などの脅威

このあとの章でも詳しく見ていくが、中国やロシアや北朝鮮などによる「目に見えない侵略《サイレント・インベージョン》」は、着実に日本に押し寄せている。

政界・財界への浸透、山林をはじめとした土地の買収……さまざまな分野に入り込んでいるが、インフラ分野にも中国の魔手は迫っている。

今、上海電力の問題が喧《かまびす》しい。一体、何が問題なのか。

大阪咲洲《さきしま》などにつくられた上海電力のメガソーラー発電所について、橋下徹氏や維新の議員などは「行政、司法の手続きを踏んでいるので大した問題ではない」といった趣旨の発言をしている。確かに司法の問題に特化すれば、抜け穴だらけの外資規制法を整備してこなかった責任の所在は日本政府にある。とはいえ、これは論点ずらしとの批判も否めない。なぜなら最優先課題、日本人の生命と財産を守る安全保障の視点がすっぽりと抜け落ちているからだ。

日本中の山林が大規模に伐採され、次々とメガソーラーが建設されている。最初の契約は中国企業とはわからない小さなフロント企業と交わされ、やがて、知らぬ間に転売され、いざ建設となった段階で上海電力が出てくる。その時は後の祭りだ。

建設によって問題が噴出しても、限りなく〝グレーゾーン〟に近い案件であり、結局のところ地元住民は泣き寝入りを強いられかねない。この問題をこのまま放置しておいてよいのか。そして今、問題は山口県・岩国市で上海電力の「目に見えない侵略」が進行中ということなのだ。

《岩国のメガソーラー　中国系企業が買収

山口県岩国市の山林で建設が進む大規模太陽光発電所（メガソーラー）事業が中国系企業に買収されたことが、地元に波紋を広げている。数回にわたり事業が転売されたことで事業主の実態が把握できず、トラブルなどが起きた場合、「どこが対処するのか」と住民は不安を抱える。「顔の見えない」外国資本によるメガソーラーの買収は全国に広がっており、安全保障上の懸念も指摘される》（産経ＷＥＳＴ／二〇二二年三月十七日付）

実はこの件、すでに地元の「日刊いわくに」（二〇二一年十二月十四日付）が報じていたが、なぜか全国規模のニュースにはなっていなかった。岩国市の石本崇《たかし》市議会議員が議会で一般質問したことにより、地元紙が報じ、岩国市に衝撃が走った。

岩国市といえば、地政学的観点から安全保障上重要な場所であることは周知の事実だ。在日米軍再編によって、厚木基地から米海兵隊岩国航空基地への空母艦載機移駐計画が発表された二〇〇六年から、足しげく岩国に通い、住民投票などを呼びかけ反対運動を起こしていた社民党の福島瑞穂氏の奇妙な動きから、米軍岩国基地の戦力強化が〝特定の国〟には脅威であることが読み取れる。岩国は朝鮮戦争の時も兵站《へいたん》基地として使用されていた経緯もある。

石本氏に話をうかがった。

「実は米海兵隊岩国基地周辺のメガソーラー開発は岩国市美和《みわ》町だけではなく、山口県柳井市阿月《あつき》の海岸沿いでも進行中です。ちょうど南北で米海兵隊岩国基地を挟むような位置にあり、そこも上海電力に買収されるのではないかと言われており、米軍もセンシティブになっていると聞いています」

日本は中国の台湾や尖閣侵攻に備え、万全の安全保障対策を講じなければならない。有事の際には中国が売電を止めたり、レーダー妨害などといったことを行う可能性は想像に難くない。現地を訪れた専門家によれば、単なる太陽光パネル設置にしては、やけに丁寧すぎる施工だという。

上海電力日本の本社（丸ビル）を訪ねてみたら……

上海電力日本株式会社は、中国上海証券交易所に上場している大手電力企業、上海電力股份有限公司が日本で設立した一〇〇％子会社だ。日本でのクリーンエネルギー（太陽光・太陽熱、風力、水力等）発電事業への投資、開発、建設、運営、メンテナンス、管理、電気の供給及び販売に関する事業を展開している。

上海電力日本は二〇二一年九月、ファンド運営会社、アール・エス・アセット・マネジメント株式会社（東京）からメガソーラー事業会社の株式を一〇〇％取得している。

最初は日本企業らしいフロント企業を前面に契約を進め、事業主がコロコロと変わり、最終的には上海電力日本に買収されているのだ。

例えば岩国の場合、最初はゴルフ場開発予定地だったエリアをセントラルリゾート株式会社が購入。その土地は「フューチャー・アセット・マネジメント株式会社」に売却された。この会社はタイのカンクン・エンジニアリングの一〇〇％出資子会社である。その後、日本の「アール・エス・アセット・マネジメント株式会社」を経て、メガソーラー事業会社である「合同会社東日本Ｓｏｌａｒ13」を「合同会社ＳＭＷ九州」が買収した。この会社は上海電力日本の一〇〇％出資子会社で、「合同会社東日本Ｓｏｌａｒ13」の代表社員となった。

「合同会社」とは二〇〇六年の会社法改正により新しく設けられた会社形態で、決算公告が必要ないため、企業の状態や内容を把握しづらかったり、経営実体がはっきりしない場合がある等の指摘もある。合同会社では法律上、出資者兼役員のことを「社員」と呼ぶ。合同会社は「出資者＝経営者」の持分会社で、出資したすべての社員に会社の決定権がある。その社員から代表権を与えられたのが「代表社員」である。

東日本Ｓｏｌａｒ13は資本金二十万円で、二〇一五年から二一年の間に「内神田→丸の内→京橋→飯田橋→丸ビル（上海電力日本と同じフロア）」とオフィスも転々としている。いきなり上海電力日本が事業主になると、さすがに中国系の企業であると警戒され、事業許可も下りにくくなる。そこで、このようなフロント企業を前面に持ってくる。実に姑息《こそく》な手口ではないか。

上海電力日本の本社は東京駅から地下直結の丸ビルの三十二階に入っている。丸ビルといえば今も昔も日本の一等地だ。セキュリティが厳しく、三十二階には直接上がれないので、下から連絡をしてみた。

上海電力日本はこれまでも一切取材に応じていないので、「メガソーラー設置の件で話をしたい」と電話すると、「対応できる人がいないのですみません。うちの会社はどなたの紹介ですか？」「特に紹介されたわけではない」などと話しつつ、「会社に入れないのなら、せめて会社概要のパンフレットが欲しい」と頼み込み、ようやく受付の女性が一階まで持ってきてくれた。それにしても紹介がないと相手にもしてくれない会社とは。

丸ビルの一フロアを借り切っているのだから、さぞかし大所帯で手広く事業を手掛けているかと思っていたが、個人事業者などハナから相手にしていないようだ。

パンフレットを見ると全国七カ所のメガソーラーが掲載されているが、ホームページには四カ所しか記載されていない。ちなみに岩国に関しては、そのどちらにも掲載されていない。

岩国基地周辺のメガソーラー設置の危険性とは

岩国基地から南に車で一時間ほどの柳井市阿月。風光明媚な海岸線を走ると、周防《すおう》大島町の離島・笠佐《かささ》島が見えてくる。石本市議によると、「あの島の一部は二〇一七年、中国人に買われたと聞いています。人口はわずか数人で、民宿を経営しているのですが、跡取りもいないらしく、中国人の島になってしまう懸念があります。私も現地視察に行きましたが、見晴らしのいい南西斜面が買収され、戸建て別荘とコンドミニアムが建設されるようです。また、近くの上関町は大阪の橋下徹氏のお母さんの出身地です」と言う。

柳井市のソーラーパネル設置場所から眼下に見ることができる海沿いには、素敵な洋風の家があった。そこの住民に話を聞いてみた。

「私たちは夫婦そろって海が大好きで、この地に居を構えました。ところが、太陽光発電工事が始まって以降、綺麗な海が濁《にご》り、家の前の道路は日に何十回も行き交うトラックのせいで波打つようになった」と憤りを露わにし、「県は『太陽光発電に関する苦情や問題は一義的には国の責任において事業者に対して必要な指導を行うべき』（二〇二一年七月十六日／山口県議会議事録）と言っていますが、国がこうした問題の一つひとつに対応してくれるのかも大いに疑問です。知人は家のローンが十年残っているにもかかわらず、土砂災害を恐れて別の家を探しているとのことです」と嘆息していた。

本当に目の前の海はブルーなのに、この家の前だけ茶色に変色しており、環境汚染の醜さをまざまざと見せつけられた。最初にこの土地を所有していたのは在日朝鮮人であり、それから在日中国人に売却されている。双方が通名なので一見、日本人同士の売買に見えるが……。

米海兵隊岩国航空基地の退役軍人、エドワーズ・ティム氏は次のように話してくれた。

「この地域の太陽光発電は、私にとって懸念材料でした。なぜなら、この地域の上空は岩国から沖縄嘉手納基地に向かう米軍の飛行ルートです。メガソーラーの所有者が外国企業で、彼らがその気になれば飛行パターン、フライト追跡や妨害なども可能でしょう。特に中国企業がこのような戦略的な場所に進出してくるということは、日本や米国が非常に警戒していることでしょう。日本人がもっとクリーンエネルギーを使いたいのであれば、外国企業ではなく、日本人が自分たちで投資するべきです」

元航空自衛隊員で、のちに自民党参議院議員になった宇都《うと》隆史《たかし》氏は次のように言う（彼は残念ながら二〇二二年七月の参議院選挙で落選した）。

「岩国は瀬戸内海に面して地政学的に守りにも適し、戦術の観点からも、米軍岩国基地は軍事上、非常に重要な役割を担っています。そのような前提に立てば、飛行経路上に特定国のメガソーラー施設などが設置されるのは情報保全上の懸念がありますし、メガソーラーに紛れて通信設備などといった軍事的施設を構築されれば大問題です。ロシアや中国は、我々と価値観を全く共有できない権威主義国家であり、戦争による利益追求も辞さない独裁国家です。これらの国に対し、性悪説に基づいた各種法整備を早急に進め、日本の防衛を固めなければなりません」

岩国基地から山間部を北上すること約一時間、美和町中心部をさらに北上すると全体で百戸弱の集落がある。棚田の痕跡はあるものの、水田は涸《か》れていた。メガソーラー建設現場は目と鼻の先だ。

岩国市民曰く「事業請負業者は秘密主義すぎて不気味です」

案内してくれた岩国市役所美和総合支所の職員は「全体が見わたせる場所がないのです。かろうじて、ここから工事の一端がのぞけるのですが……。私は治水に長年携わってきたので、森林の大切さはよくわかります。森林の働きで涵養《かんよう》機能が発動し、きれいな水が蓄えられます」と肩を落としながら、高台から遠方に見える現場を指差す。少しそれらしきものが見える程度で、実際の規模は何もわからない。

地元民は「事業請負業者は秘密主義すぎて不気味です。山林伐採だって、我々の視界に入る部分は木を残したまま内部から伐採を始めたので、中で一体どんな工事が行われているのか見当もつかない」と憤る。私も工事現場の入り口まで行ってみたが、すぐに立ち入り禁止と追い返されてしまった。

美和町の自然を守る会・会長の中村光信氏はこう言う。

「河川の水が日々濁り、水量も激減し、田の土や稲からヒ素や鉛が検出されていますし、二〇二一年五月、七月には開発現場内で土砂崩れも発生しています」

――ひどいですね。行政は何もしてくれないのですか。

中村「開発会社の東日本Ｓｏｌａｒ13には、原因究明や対策を早急にしてほしいと申し入れましたけど、結局、自然由来ではないかと。つまり工事に起因したものではないという言い分です」

――県の対応は?

中村「県知事にも土壌汚染の調査命令をしてほしいと請願書を出したのですけど、県知事に届く前に県の方から、法に沿って判断し、調査案件に該当しないと蹴られました。土壌汚染に該当しないというのが県の判断ですよ」

暗澹《あんたん》たる気持ちの中、帰り際、石本市議が次のように話してくれた。

「メガソーラー事業は、法や条例を熟知したアドバイザーが背後にいるとしか思えません。例えば山口県の場合、環境アセスメント条例(大規模な開発事業などにおいて適正な環境配慮がなされるようにするための一連の手続き）が二〇一九年六月一日に改正されました。東日本Ｓｏｌａｒ13が林地開発の申請を行ったのがその二カ月前、同年三月二十八日でしたので、地元への十分な説明、理解がないにもかかわらず、この条例改正を逃れるために駆け込みで申請をしたとしか思えません」

石本氏は二〇二二年五月三十一日、東日本Ｓｏｌａｒ13に美和町太陽光発電所の現地視察・調査の申し入れをしたのだが、「現場の造成工事がピークを迎えているので事業に支障をきたす恐れもある」との理由で断られている。

石本「ならば工事中を避けて土日はどうか？　と問い合わせたのですが、休日は誰もいないと断られました。岩国市には、設備機材は日本製と言っているようですが、実際には中国製が使われているようだとの指摘もあり、私としては事実確認をしたかったのです。また、水質・土壌調査や水量の確保の問題なども県が動かなくとも、住民の生活に直結する話なので早急に行う必要性があります」

県議会のドンの関与があったのか？

岩国市の福田良彦市長も、この問題について困惑気味に話してくれた。

「私は令和元年に林地開発の通常手続きの流れの中で知事から意見を求められました。私としては異論なしとは言い難く、様々な懸念から七項目について意見しました。その中の一つに、この事業により災害の発生、地元住民への生活環境に著しい変化が生じた場合は必要な対策を講じること、また申請内容や条件と違った開発行為が実施された場合、開発行為そのものの許可を取り消すことも含めて知事に意見しています」

石本「通常なら市が県にこの手の案件でこれだけの意見書を添付するのは珍しいことですから、市長もよほどの懸念があったのでしょう」

たとえ駆け込みでも、なぜ県が東日本Ｓｏｌａｒ13のような合同会社の申請を受理したのか。なぜ県がこの問題に関して、消極的な姿勢をとるのか。その謎を解く鍵は、地元の政財界に詳しいS氏の何気ないひと言にあった。

「おそらく政治家の関与もあったのでしょう。森林法に基づく水源の涵養のチェックは具体的にどのように行ったか、との質問に対し、県は明確な答弁をすることができなかったそうです。知事も副知事も自民党県議会議員のドン、柳《やな》居《い》俊《しゅん》学《がく》氏に頭があがらないですからね。県議会のドンとメガソーラー事業請負会社との関係は深いと聞きます。地元メディアの山口放送も積極的にこの件を報道しないのは、柳井氏が取締役ということもあるのかもしれません。又、地元でも環境に対してうるさい某団体に上海電力が五百万円の金を渡したという噂もあります」

県議会のドン、柳居氏については、二〇二二年一月、『デイリー新潮』で報じられている。山口県の小松一彦副知事と、山口市の幹部職員二人が公職選挙法違反容疑で書類送検されたが、容疑の内容は、二〇二一年十月に行われた衆議院議員選挙に際し、山口三区から立候補した林芳正外相の後援会に入るよう、職員を勧誘したというものだ。この不正の背景には、地元で〝ドン〟と称される人物の存在があった。その人物こそ柳居氏である。

衆院選で山口三区に鞍替えし、河村健夫元官房長官を政界引退に追い込んだ政治闘争の特集記事でも、次のような内容が掲載された。

《自民党県連の実力者である柳居さんに村岡知事はまったく頭があがらない》《庁内に恐怖政治が敷かれている》（週刊新潮／二〇二二年一月六日号）ともある。

林外務大臣とのつながりもあるのか？

岩国市美和町のメガソーラー、柳井市阿月のメガソーラー両方の工事の一次下請けは住吉工業株式会社だ。住吉工業といえば林芳正外務大臣が農水相時代に、政治資金規正法逃れのパーティー券購入の事例が報じられている。

政治資金規正法では同一の者から百五十万円を超えて政治資金パーティーの対価の支払いを受けてはならないという規定がある。そこで住吉運輸（中村成志社長）と、住吉工業（中村高志社長）が、それぞれ百万円ずつ献金していたことが、「林芳正を支える会」の二〇一三年分の政治資金収支報告書に記載されていたという。住吉工業のホームページによると、「主要得意先」は、国土交通省中国地方整備局、同九州地方整備局、防衛施設庁などの官公庁やゼネコン、中国電力など。公共工事を受注した利益（税金）が、林農水相側にパーティー券購入という形でわたっているという。

そもそも上海電力日本がフロント企業を隠れ蓑《みの》に、大阪（二〇一四年）、兵庫県三田（二〇一六年）、茨城県つくば（二〇一七年）、兵庫県伊賀谷（二〇二一年）、栃木県那須烏山（二〇二一年）、福島県西郷村二カ所（二〇二二〜二三年）、そして山口県岩国と、次々と日本の広大な土地を有する事業を始めることがなぜできたのか。やはり水面下で地元の政治家の関与があった可能性はぬぐい切れない。

岩国メガソーラーの建設請負業者が政治資金規正法にギリギリ引っかからない策を講じ、林氏のパーティー券を購入し、その林氏を三区で圧勝させた自民党県議会のドン・柳居氏とのトライアングル構造を俯瞰《ふかん》すると、メガソーラーを設置されている地域住人の切実な環境破壊の訴えに対し、山口県の動きが鈍い理由も、ここに起因するのではなかろうか。

再エネ拡大にやけにご熱心な政治家たち

最近になって、東京都が「新築一戸建てに太陽光パネル設置を義務化する」条例の年度内成立を目指していると報じられた。

中国製の太陽光パネルは有害物質の含有を明かさないというものもある。火事の際には空気中にそれらが放出されてしまう危険性もあり、産業廃棄物処理の際には多大なる環境汚染が予測され、訴訟沙汰になる可能性もある。ゆえに今から会社を潰して逃げ切ろうとしている太陽光パネル販売会社もあるという。

さらに中国は日本の洋上風力発電参入も虎視眈々《こしたんたん》と狙っている。南シナ海にいつの間にか海上基地をつくるような国が、日本の周辺海域に基地でもつくろうものなら目もあてられない。立法府の国会議員は中国に過剰な忖度ばかりしていないで日本人の安全を最優先課題においた仕事をしてほしい。土地もエネルギーも厳しい外資規制を設置しなければ、戦わずして日本列島が内部から溶解してしまいかねない。

岩国の現場を視察した元衆議院議員の長尾たかし氏はこう指摘する。

「岩国上海電力メガソーラーは着々と工事が進められていた。外資が電力事業者を買収する場合、外為法を根拠に事前届出の提出が必要となり、経済産業省は三十日以内に審査を完了しなければならない。上海電力日本株式会社がアール・エス・アセット・マネジメント株式会社からメガソーラー事業会社の株式を一〇〇％取得したのは二〇二一年九月、よって事前審査は通過したと理解せざるを得ない。とはいえ中国には国防動員法があり、中国政府が有事だと判断すれば世界中の中国人は予備役要員となり、あらゆる組織等を戦時統制下に置き合法的に徴用できる。

すでに二〇一七年九月、上海電力日本株式会社には共産党組織が設立されており、彼らは指示を受ければ電力供給を前触れもなく遮断させ、大停電に陥らせることも可能。萩生田経産大臣は『国の安全等の観点から厳格な審査を実施している』と国会答弁したが、外為法審査にはおそらく国防動員法によるリスクという概念がないのだろう。法律あれども運用が杜撰《ずさん》でリスクに網がかかっていない。背景には二〇一三年の対内直接投資促進戦略が影響していると考えられる」

ちなみに日本のメディアはまったく報じていないが、中国の一帯一路に関するホームページには、こんな記述がある。

《大阪南港プロジェクトは、国家電投 上海電力日本会社が日本開発投資で建設した最初の太陽光発電プロジェクトです。このプロジェクトは（略）〝2016～2017年国家優秀プロジェクト〟を受賞しました》

大阪府と大阪市の共同部局が二〇二一年十二月、中国・武漢との港湾提携がされたことについて、吉村洋文知事が「国防の観点から、問題があるなら当然やめるべきだと思うが、そうとも思わない」と述べ、協力関係を維持する考えを示したと産経新聞で報じられた。「一帯一路」に組み込まれたことは明白だ。

さらなる懸念材料は太陽光パネルだけではなく、中国企業が洋上風力発電に触手を伸ばしていることだ。現在、北海道から九州まで日本列島の沖が洋上風力発電の促進区域に指定されている。しかも風車は日本で生産されていないので、ほぼ中国製品に頼らざるを得ない状況である。

岩国の石本市議も三月、周南市、岩国市と島根県吉賀町にまたがって建設計画がある風力発電所への、岩国市の対応について議会で質問をしている。

石本「岩国市と周南市、島根県吉賀町の境界付近で建設が計画される風力発電事業『西中国ウインドファーム（仮称）』の事業者である電源開発株式会社は、中国の華潤電力控股有限公司と二〇一八年、北京で戦略的パートナーシップ協定書を締結しています。岩国市でもこの建設計画に地元住民から反対の署名活動の計画も出ています」

このままでは「戦わずして勝つ」をモットーとする中国の術中に、はまったも同然だ。さすがに防衛省も現状を見かねて非難の声をあげた。『共同通信』（二〇二二年六月十一日付）によれば、全国で立地が進む風力発電設備が、ミサイルなどを感知する自衛隊のレーダーの支障となることが判明、防衛省が一部の事業者に計画の変更を相次いで要請していたという。

石本「風力発電が計画されている玖北《くほく》地区には海上自衛隊美川送信所があるため、岩国市も防衛省に情報提供を行ったところです」

二〇二二年六月十五日、石本氏は市議会で岩国のメガソーラー発電所について三回目の質問を終えた。全国から注目を集めている案件だが、地元TV局は、メガソーラーについては一切触れなかった。

一方、二〇二二年三月、再生可能エネルギー普及拡大議員連盟は岡山県美作市による太陽光発電への法定外目的税導入について「断固反対」との声明を発表した。再エネ拡大議連は会長・柴山昌彦元文科相、会長代理・小泉進次郎氏、顧問・河野太郎氏という面々。事務局長の秋本真利《まさとし》議員にいたっては洋上風力発電業者から三年で千八百万円以上の献金を受けていると『週刊新潮』でも報じられている。小泉氏といえば、上海電力日本の大阪市南港咲洲メガソーラー竣工式のときに、細川護熙《もりひろ》元首相と小泉純一郎元首相が祝辞を述べている。

再エネ拡大にやけにご熱心な小泉親子だが、日本人の安全保障をないがしろにした政策をとるのなら、これ以上の罪はあるまい。今後再エネ普及拡大議連の議員たちに対して、どのような国民の審判が下されるかで日本の命運は決まるであろう。

第三章

歴史捏造・改竄を黙過したら日本は滅ぶ

右派活動家をあの手この手で籠絡《ろうらく》させようとする中共

「大高さん、石原慎太郎さんにコネがあれば紹介していただきたいんですけど」

二〇〇〇年代、私が中国大使館員のS氏とシルクロードについて雑談していた時、ふと思いついたようにS氏が言った。当時石原さんは東京都知事で飛ぶ鳥を落とす勢い、私のような駆け出しのジャーナリストからしてみれば雲の上の人だった。

「コネなんかあるわけないじゃないですか！　でも、どうして石原さんなんですか？」

S氏「石原さんを中国にお招きしたいんです」

大高「なぜ？」

S氏「対中強硬派の代表格のような人こそ大事じゃありませんか。一度中国に来ていただければ中国が大好きになるはずです」

大高「そんなもんですかね」

S氏「日本のサヨクは放っておいても大丈夫です。マスコミ関係者も随分、中国に招待しましたよ。学者もね」

大高　「北京ダックをたらふく食べて、万里の長城でも観光したら中国大好きになるんですか?」

S氏　「まさか。(〝君はまだ青い〟といった表情で)その人が喜ぶお土産を持たせるに決まっているじゃないですか。学者なら北京大学や清華大学の役職とか、右翼活動家なら金とか……たいていの男は美人も好きですよ」

「中国のラーメンより、日本のラーメンの方が百倍おいしい。食は日本に限ります」と言って銀座の雑踏に消えていったS氏とは、その後会っていない。が、この時の何気ない会話は妙に心にひっかかっていた。

江沢民の号令で中国全土につくられた抗日施設や反日ドラマ……多くの世代が反日教育の洗脳を受けて育っている。二〇〇七年には中国海軍高官がアメリカのキーティング太平洋軍司令官に「中国とアメリカで太平洋を二分しよう」という分割案を提示し、中国の露骨な野心が日を追うごとに顕著になっていた。

九〇年代から私は「五独」問題に関心を持ち、彼の地を取材していた(「五独」とは、無理やり「中華民族」にさせられた「チベット人」「ウイグル人」「南モンゴル人」の反中国独立運動の「三独」と、無理やり「漢族」にさせられた非漢族である上海の「呉人」、香港の「越人」を指す。当初はこの「五独」については、上海の「呉人」ではなく、独立を目指す台湾人の「台独」が含まれていたが、「台独」は中国とは関係ないということで、最近は上海の「呉人」を「五独」に入れるようになってきている)。

そんなこともあって、〝次は日本かもしれない。魔の手はすぐそこまで伸びている〟と、講演会の中でも時折、前述した「石原さん招待エピソード」に触れ、〝これが中国の工作活動の一端なのだ〟と力説してきた。

ウイグル人が現在進行形で弾圧、命の危険にさらされているというのに、対中非難決議案ですら中国の顔色を窺ってごまかしの声明文で事なきを得ようとした、一部の日本の政治家や役人たち、中国に不都合な真実は報道しないマスコミの姿勢も、S氏が言うお土産を握らされていたのなら、実につじつまが合う。

こうしてキーパーソンの日本人が中国の〝魔の手〟に堕ちてしまった中、石原慎太郎氏は最後まで日本の国益を正々堂々と主張されていた。

二〇二〇年の李登輝元台湾総統に続き、二〇二二年二月一日の石原元都知事の訃報（さらには安倍晋三元総理の七月八日の暗殺）は中国に弾圧されている国々や、日本をまともな国にしたいと願う日本人にとっては希望の星が消えてしまったような焦燥感をもたらしたが、二人の「国士」の志の灯を絶やさず、希望を捨てずに生きてゆくことこそ最大のレクイエムになろう。

軍艦島に続いての佐渡金山狂騒曲

さて、話は変わるが、近年、ふだんは静かな佐渡島（新潟県）が騒がしさを増している。佐渡金山のユネスコ推薦を巡って、待ってました、とばかりに韓国が「申請するな！」と大騒ぎ。

二〇二一年十二月末、文化庁文化審議会は、新潟県の佐渡金山を国連教育科学文化機関（ユネスコ）の世界遺産登録推薦候補に選定。ところが、日本政府が正式にユネスコへの推薦書提出に踏み切ったのは二〇二二年二月一日、なんと締め切り当日だった。つまり一カ月間も日本政府は右往左往していたわけだ。

その理由は、日本政府が推薦の方針を固めると、韓国外務省が「強制労働被害の現場である佐渡鉱山の世界遺産登録を目指すことは非常に嘆かわしく、これを直ちに撤回するよう求める」とのコメントを発表し、韓国のマスコミも連日、「佐渡金山は朝鮮人強制労働の現場」だと大騒ぎをし始めたからだ。

白でも黒と平気で主張し、千年恨むと言って憚《はばか》らない国を相手にしているから、霞が関の連中も腰が引けたアドバイスを岸田政権にご注進していたことは容易に想像がつく。だが、こんなイチャモンに萎縮《いしゅく》して主張すべきこともせずにいれば、いずれ佐渡は〝軍艦島＝地獄島〟に続き、〝佐渡島＝生き地獄〟と国際社会に喧伝《けんでん》されてしまいかねない。日本は歴史認識における情報戦に本腰を入れるべきである。

韓国でいち早く佐渡金山ユネスコ登録にイチャモンをつけてきたのは反日活動家で有名な誠信女子大学校、徐坰徳《ソギョンドク》客員教授だった。韓国の『毎日経済新聞』は、次のようなコメントを掲載している（二〇二二年一月十五日付）。

《軍艦島は燃え上がる炎のような問題であり、新潟県にある佐渡鉱山は、たばこの火程度の状況だった》

《軍艦島を世界遺産に登録して六年余りが過ぎた後、「たばこの火」は家を燃やすほどの火災に変わっている》

「たばこの火」すらなかった佐渡に、徐教授が勝手にたばこを投げ捨て、火事になったと騒いでいるだけではないか。さらに記事はこう続く。

《佐渡鉱山が、日帝が植民地民衆の膏血《こうけつ》を絞った現場だという点をはっきり紹介すれば、日本政府が受け継いだと明らかにした村山談話の精神を再確認する遺産になることができる。しかし、日本は歴史的間違いに向き合うよりは、これを隠そうとする兆《きざ》しが見える。

新潟県と佐渡市が文化庁に提出した佐渡鉱山推薦書では、対象期間が江戸時代（一六〇三～一八六七年）までに限定され、日帝強占期が除外された》

中途半端に江戸に絞って推薦を試みたことに関し、西岡力氏（麗澤大学客員教授）はこう酷評する。

「佐渡金山の登録を推進する新潟県や佐渡市も、二〇〇七年の最初の提案書では明治以降の佐渡金山施設を登録対象に含めていたが、今回は江戸時代の施設に限定して、歴史認識論争から逃げた」(国家基本問題研究所ＨＰ)

ともあれ、徐教授といえば、ニューヨークのタイムズスクエア屋外電光掲示板に朝鮮人強制労働の象徴として寝そべった炭鉱夫の写真をまじえて「軍艦島で百二十人の朝鮮人が殺害された」、「従軍慰安婦の強制連行はあった」などと、日本を貶《おとし》める虚偽広告を行ってきた人物だ。

寝そべり写真は朝鮮人ではなく日本人鉱夫であり、百二十人虐殺は韓国版吉田清治こと グ・ヨンチョル氏の虚偽証言であり、慰安婦強制連行の証拠は、いまだに日韓両政府が血眼《ちまなこ》になって探しても見つかっていない。普通なら恥ずかしくて隠遁生活にでも入るところであろうが、佐渡金山と聞いて、またもやしゃしゃり出てきたのだ。

金目当ての難クセばかりなのか？

さらに摩訶《まか》不思議なことに、徐教授は一連の抗議の中で「朝鮮人への賃金未払い」があった証拠文書について言及しているが、逆に言えば、きちんとした契約に基づき、賃金を支払っていたことの証《あかし》にもなる。難クセも甚だしい。

「未払い賃金」については、元朝鮮総連の金賛汀《キムチャンジョン》氏の興味深い指摘を紹介したい。朝鮮総連（日本共産党の別働部隊といっても過言ではない）の豊富な資金源についてだ。

《最大の財源になったのは帰還してゆく強制労働者の未払い賃金等であった。一九四六年末までに朝連中央労働部長名で強制連行者を雇用していた日本の各企業に未払い賃金の請求が出された。その請求額が四千三百六十六万円に達し、朝連はかなりの金額を企業から徴収し、それらのほとんどは強制連行者の手には渡らず、朝連の活動資金に廻された》（金賛汀『朝鮮総連』新潮新書）

徐教授以外にも歴史認識において〝気の毒〟な教授がいる。カン・ドンジン慶星大学都市工学科教授・文化財庁文化財委員（世界遺産分科）は、こう述べている。

《日本の福岡の筑豊炭鉱は、過酷な強制動員の現場だった》《日本が今度は「佐渡島の金山」という鉱山（佐渡鉱山）をユネスコ世界遺産に登録させようとしている。（略）この機会を、十九世紀半ば以降百年余り続いた日本のあらゆる侵奪と蛮行、そしてまやかしと歪曲《わいきょく》をより具体的に示す契機としなければならない》（『ハンギョレ新聞』／二〇二二年一月二十七日付）

彼らの言い回し、〝侵奪と蛮行、まやかしと歪曲〟には独特の共通項がある。詳細は後述するが、私のみならず読者も、なぜここまで韓国が他国のユネスコ登録に目くじらをたてるのか疑問であろう。そこで産業遺産情報センター（新宿区／二〇二〇年開設）の加藤康子センター長にその理由を聞いてみた。

加藤　「基金設立でしょう。これにのってはいけません。佐渡でも強制動員真相究明ネットワーク（以下、強制ネット）が狼煙《のろし》をあげました。強制ネットは日鉄の徴用工裁判で原告に寄り添う団体であり原告の掘り起こしをしてきた団体です。早くから東大キャンパスの研究集会でもこの基金構想を提案している。韓国政府はたくみに彼らを利用している。ユネスコに大量のプロパガンダ資料をだしたのも彼らです。世界遺産の政治利用です。国際的に日韓併合は合法だと認められているが、韓国政府は日韓併合を合法ではないと考えている。日韓請求権協定をひっくり返し、国際労働機関（ＩＬＯ）で強制労働を立証するには、帝国臣民として国家総動員法、国民徴用令が適用されたというのでは、都合が悪い。韓国も強制ネットも佐渡など日本の世界遺産登録運動は韓国人が日本政府によって強制労働をさせられたという印象を世界に植え付けるための運動の好機ととらえています。最終的には、企業などからお金をとり、基金をつくろうと考えています」

大高　「そういえば文喜相国会議長は二〇一九年十二月十八日、元徴用工らに対して補償を行うため、日韓の企業や個人の寄付金による基金の設立に向けた法案を提出していますね」

加藤　「二〇〇〇年に設立されたドイツの『記憶・責任・未来』財団をモデルにしています。これは、戦争中にドイツの鉱山および工場で働くことを強制されたすべての人々に補償金を支払うことを目的とした財団です。ドイツもナチスドイツの罪を自分たちだけで背負いたくないために、ユネスコでは韓国を後押ししている。日本政府は外交的に相手の言いがかりに対してしっかりと反論をしてこなかったので弱い。日本は歴史的にも脅《おど》されるとお金を出してきましたが、これだけは絶対に譲らないでほしい」

ジェノサイド国家(中国・北朝鮮)のレッテル貼り

第二次世界大戦中、ナチスドイツはユダヤ人抹殺というジェノサイドを働いたが、日本はそのような蛮行を行っていないので、「ドイツを見習え」論自体が間違っている。これに関しては、木佐芳男氏と山岡鉄秀氏が「慰安婦問題　日本叩きに走るドイツの下心」(『WiLL』二〇二一年五月号)などで論じているので、それを参照していただきたい。

ともあれ、「日本がナチスドイツのようなホロコーストを行った」というレッテルを貼りたいのが中国と北朝鮮だ。韓国の反日は北の対南工作に丸め込まれた従北派が行っている、つまり日韓分断工作とみて間違いない。

中国は現在進行形でウイグル、チベット、南モンゴルへのジェノサイドを行っており、北朝鮮もまた深刻な人権問題を抱えている。そういった自国の人権侵害を相対化させるため、日本こそナチスドイツと同格だというネガティブキャンペーンを展開することが彼らにとって重要なのだ。ゆえに佐渡金山ユネスコ登録申請の第一報が流れた時、真っ先に異を唱えてきたのが中国、そして北朝鮮と韓国だった。

北朝鮮の反応を紹介しよう。

《佐渡金山　人間の生き地獄》《北朝鮮外務省は十二日、日本による植民地時代に朝鮮半島出身者が強制労働させられた「佐渡島の金山」（新潟）を「人間の生き地獄の代名詞」としながら、日本が国連教育科学文化機関（ユネスコ）世界文化遺産登録を推進していることを厳しく非難した。（略）

「劣悪な生活環境と労働条件、朝鮮人労働者に対する殺人的な労働の強要と激しい民族的差別により、今なお、わが人民と日本人の間で人間の生き地獄の代名詞で呼ばれている」と指摘した。（略）

佐渡島の金山でも文化遺産登録を目指していることを「破廉恥ぶり、道徳的な低劣さに驚愕を禁じ得ない」と非難した。日本の狙いは「植民地統治の犯罪の歴史をどうにか

して否定し、覆い隠す」ことにあるとした》(『聯合ニュース』二〇二二年一月十二日付)

左翼による悪辣《あくらつ》な歴史改竄《かいざん》

韓国・北朝鮮と同様の主張をしているのが共産党の志位和夫委員長である。

《日本政府は、戦時の朝鮮人強制労働の事実を認めるべきである》

《アジア・太平洋戦争の末期に、佐渡金山で当時日本の植民地支配の下にあった朝鮮人の強制労働が行われたことは、否定することのできない歴史的事実である。新潟県が編さんした『新潟県史　通史編8　近代3』は「朝鮮人を強制的に連行した事実」を指摘し、佐渡の旧相川町が編さんした『相川の歴史　通史編　近・現代』は、金山での朝鮮人労働者らの状況を詳述したうえで、「佐渡鉱山の異常な朝鮮人連行は、戦時産金国策にはじまって、敗戦でようやく終るのである」と書いている。この歴史を否定することも、無視することも許されない》(『しんぶん赤旗』二〇二二年一月三十日付)

志位氏が指摘した二冊は、「日本政府は戦時の朝鮮人強制労働を否定するのではなく認知すべきである」と、強制ネット共同代表が緊急声明として二〇二二年一月二十五日に発表しているものにも記されている。

早速、原文にあたってみたら不可解な記述を発見した。『新潟県史　通史編8　近代3』は一九八八年に発刊されたもので、多くの執筆者が章ごとに分担執筆している。〈朝鮮人強制連行と新潟県〉という章を執筆したのは、佐藤泰治・県立小出高等学校教諭で、あとがきにも分厚い県史の中でも、特別に留意しながら編集したとある。

《昭和十四年（一九三九年）に始まった労務勤労計画は、名称こそ「募集」「官斡旋《あっせん》」「徴用」と変化するものの、朝鮮人を強制的に連行した事実においては同質であった》

さりげない一文だが、徴用を強制連行と同質に論じるにあたっては、それなりの根拠を示さねば執筆者の主観という批判も免れない。活動家らはこの一文をことさらに強調し、引用して「自治体史にも明記されている朝鮮人強制労働の事実」などと喧伝しているのだ。

《家族持ちが六百八十一人もいながら、家族を呼び寄せたものは三十五世帯八十一人にすぎず、移住者の不本意さがわかろう》とあるが、そもそも強制連行されて生き地獄の島に家族など呼び寄せるだろうか。

《三菱鉱業佐渡金山の労務管理は「平均月収が六十六・七七円、他に皆勤奨励金などがあった。共同合宿所及び社宅が用意され、舎費は徴収しなかった。（略）厚生面の配慮も充実し、ひところの監獄部屋を連想するのはほど遠い」と主張している。

一九四〇年、朝鮮人労働者が応募条件の食い違いなどから待遇改善を要求、ストライキに突入したとあるが、会社側は「知能程度が想像以上に低きため」「二、三不良分子の煽動に乗じ半島人特有の狡猾性、付和雷同《ふわらいどう》性を現わしたる」などとし、露骨な「劣等民族観」を隠そうともしなかった》（前出）

この分析には、根拠として、朴慶植氏編『朝鮮問題資料叢書第二巻』（アジア問題研究所）の注釈がついている。朴氏は朝鮮大学校の歴史研究家。朝鮮総連はこの分析を利用して、一九六五年の「日韓基本条約」に反対するために、強制連行の概念を打ち出し、日韓分断工作の布石を敷いた。この著者の分析については、鄭大均氏が『在日・強制連行の神話』（文春新書）で論破しているので、ここでは朴氏のいかがわしさを紹介する。

『朝鮮人強制連行の記録』（朴慶植著／一九六五年）には、吉田清治氏が証言した内容の一部が事実として引用されている。一方で、肝心かなめの部分を恣意的に省いた引用もみられ、悪質な歴史改竄という批判も免れない。たとえば、宇垣一成が朝鮮総督を務めた時代（一九二七年、三一～三六年）に政策顧問を務め、同時に韓国統監府の機関紙である京城日報社の社長も務めた鎌田澤一郎氏による『朝鮮新話』（一九五〇年）の引用では、太字の部分が消されている。

《もつともひどいのは労務の徴用である。戦争が次第に苛烈になるに従つて、朝鮮にも志願兵制度が敷かれる一方、労務徴用者の割当が相当厳しくなつて来た。納得の上で応募させてゐたのでは、その予定数に仲々達しない。そこで郡とか面（村）とかの労務係が深夜や早暁、突如男手のある家の寝込みを襲ひ、或ひは田畑で働いてゐる最中に、トラックを廻して何げなくそれに乗せ、かくてそれらで集団を編成して、北海道や九州の炭鉱へ送り込み、その責を果たすといふ乱暴なことをした。**但《ただ》総督がそれまで強行せよと命じたわけではないが、上司の鼻息を窺ふ朝鮮出身の末端の官吏や公吏がやってのけたのである**》（鎌田澤一郎著『朝鮮新話』創元社）

問われる新潟の覚悟、見習え軍艦島の島民の勇気

一部の朝鮮人の横暴さは他の文献で読んだことがあるし、「花札賭博を理由とした検挙」など相当荒れていたこともうかがえる。その結果、一九四三年には「移入者総計千五名、死者十名、公私傷送還三十六名、不良送還二十五名、逃走百四十八名」と、朝鮮半島に強制送還しているのだ。強制連行しながら強制送還など聞いたためしがない。

強制送還については『相川の歴史　通史編　近・現代』（一九九五年出版）に記載されている。慰安婦報道がピークになったのが一九九一年なので、その延長線上とも思われる。

というのも、「佐渡金山・朝鮮人強制連行問題の調査活動」を「佐渡と朝鮮をつなぐ会」が始め、一九九二年十一月十九日、《韓国の南部、忠清南道にある都市大田で発行して

いる『大田日報』が、佐渡鉱山で働いていた労働者を、日本の民間団体が探しているという記事を一面トップで報じたところ、連日のように問い合わせがあった》(『まなぶ』一九九六年十月号）とあるからだ。

慰安婦問題も高木健一弁護士と青柳敦子氏が渡韓し、慰安婦に名のり出てほしいと、ビラを配ったことからスタートしているが、これも同じ構造だ。ただし《近年、従軍慰安婦問題が表面化していますが、このようにして調べてみると一九三九年～四五年に百万人を超える朝鮮人が日本に強制連行されてきた》(同前）とあり、今の北朝鮮が主張する八百四十万人よりはまだマシなプロパガンダだと苦笑せざるを得ない。

話を『相川の歴史　通史編　近・現代』に戻す。前述した『新潟県史 通史編8 近代3』の《昭和十四年（一九三九年）に始まった労務勤労計画は、名称こそ「募集」「官斡旋」「徴用」と変化するものの、朝鮮人を強制的に連行した事実においては同質であった》が冒頭に引用されている。ここにもまた首をかしげたくなる記述が続く。

昭和十四年二月、第一陣の募集に朝鮮(忠清南道）へ出向いた佐渡鉱山労務課、杉本泰二氏が語ったところによると「前年の十三年は南朝鮮は大干ばつ、飢饉で農民などは困難その極みに達していた」という。

さらに「一村落二十人の募集割り当てに、約四十人の応募が殺到したほどであった。しかし、これは鉱山への就労を希望したものではなく、従前に自由渡航した先輩や知人を頼って内地で暮らしたいというものが多く、下関や大阪に着いてから逃亡した人が多かった」とあり、自国が大干ばつで食べてゆけず、鉱山の募集を利用し、新天地日本を求めて祖国から逃げてきたということではないか。本当に強制連行したのなら、どうやって下関や大阪から逃亡できたというのか。読めば読むほど疑問符だらけだ。

このように活動家が太鼓判を押す資料ですら、首をかしげたくなる記述がたくさんある。日本政府はきちんと、こういった資料の全文公開と慰安婦問題、つまり、情報戦の絡みも丁寧に国際社会に説明する必要がある。

しかし、懸念もなくはない。

加藤康子氏はこう言う。


「軍艦島の場合は、韓国から地獄島などと烙印《らくいん》を押された島民全員が、一丸となってプロパガンダに負けじと立ち上がりました。『軍艦島の真実』(www.gunkanjima-truth.

com）というサイトをみてください。佐渡の島民にも、ぜひ立ち上がってほしいですね。三菱鉱山で戦時中に働いていた日本人も朝鮮半島出身者もまだ佐渡にも新潟にも残っているでしょうし、三菱は地域の要だったわけで、地元の人もよくわかっているはずです。フルヒストリーをいうならば、新潟には曽我ひとみさんのような拉致問題もあり、新潟港は万景峰号が出ていった港なので、人権の話であれば、今現在も解決されていない語るべきエピソードはたくさんあるわけですから、こんな雑音に負けずはね返してほしい」

歴史戦において〝沈黙は金〟ではなく〝毒〟になる

北朝鮮の情報発信は常軌を逸している。

《こんにち日本には、約六十万人の朝鮮同胞が住んでいる。在日同胞は、かつて日本帝国主義が朝鮮を植民地支配していた時期に「徴用」、「徴兵」によって日本に強制的に連行されたか、過酷な略奪によって生きるすべを失ってやむをえず日本に渡った人びととその子孫である》

《植民地支配時期に各種の名目で日本に連行された朝鮮人は、推定五百万人という膨大な数にのぼる》(総連HPより)

北朝鮮国連代表部は二〇〇六年六月二十日、「拉致は解決済み。我が国と日本の間で未解決の問題は、第二次大戦時の日本による八百四十万人の強制連行であり、百万人の虐殺だ」と国連人権理事会でスピーチした。

北朝鮮外務省の李炳徳研究員は、同年七月に日本人記者団に対して「百余万の朝鮮人を虐殺し八百四十万の強制連行を行い、二十万の慰安婦をつくったことに日本側は謝罪せず、拉致問題に噛みつこうとしている」などと述べている。その場にいた日本人記者団は「六十一万人の在日朝鮮人のうち徴用できた者は二百四十五人に過ぎなかったとの昭和三十四年(一九五九)の外務省調査結果が出ている」と即反論したのか否かは定かではない。

この数字捏造《ねつぞう》を発見したアジア調査機構の加藤健氏は、次のように指摘する。

「北の強制連行虚偽申告による組織的詐欺。人口二千数百万人の朝鮮から五百万~八百四十万人も強制連行されたというのです。朝鮮総連が強く主張する『我々は強制連行の被害者だ！』は虚偽であり、特権要求は詐欺ということです。長い間この嘘が広く信じられていたため、朝鮮総連の傍若無人が見逃されてきました。

その結果、女子中学生を含む大勢の日本人が拉致されたばかりでなく、日本のカネと技術で核・ミサイルがつくられ、いま私たちの生命を脅かしています。朝銀破綻のため、日本国民は一兆三千四百五十三億円もの血税を負担させられました。四人家族なら五万円近くを朝鮮総連のため払わされています。北朝鮮は笑いが止まらなかったと思います」

加藤健氏の話からわかるように歴史戦において〝沈黙は金〟ではなく〝毒〟になる。

数年前にサンフランシスコ郊外のソノマ州立大学で、中国領事館員も出席した抗日連合会主催の反日モニュメント記念式典を取材したが、ホロコーストのアウシュビッツの鉄道を模した一角に、「第二次世界大戦のアジアの性奴隷三十万人」と、二十万から三十万に増やした人数が彫られていた。式典後、日本領事館に電話を入れたら「式典はどうでしたか？」と逆に聞かれた。「それをリサーチするのが領事館の仕事でしょう」と言いたくもなった。

ともあれ、五百万〜八百四十万と根拠もない数字を並べ立てて一方的に日本を非難し、北の蛮行である未解決の拉致問題と相対化させるだけでなく、さらに日本人に不必要な歴史贖罪《しょくざい》意識を背負わせ、金を引き出そうとする彼らの決定的な策略を紹介しよう。

二〇〇四年三月五日、韓国政府機関として「日帝強占下強制動員被害真相糾明委員会」が発足し、その調査機関の報告書にこうある。「対日抗争期強制動員真相調査の結果」の活用法として四つ挙げているが、以下の記述が重要だ。

《第三に北朝鮮との協力及び統一後の準備に活用できる。強制動員においては、共に被害者である北朝鮮と共同調査及び遺骨の発掘など、南北共同協力事業の基本資料になる。そして南北統一後、北朝鮮住民に対する強制動員被害者究明の関連事業に備えることができる。

第四に、国際的にも活用できる。関連国のアジア太平洋戦争時の強制動員の真相糾明に活用できる。収集・作成された大量の記録物を整理して、ユネスコ世界記憶遺産の登録を進めることもできる。国外団体の追悼事業及び共同調査の要求に積極的に対応し、日本の歪《ゆが》んだ歴史認識に歯止めをかけると同時に、対日過去清算（戦後補償）に向けた

国際連帯及び南北協調の資料としても活用できる》

つまり、南北統一資金を日本から引き出すといったことが最大の目的なのだ。「強制動員」「被害者」などと書かれているが、そもそも当時、日本と朝鮮半島は戦争などしておらず、同じ日本国民だった。

一九六五年の日韓協定の際には、戦後賠償ではなく経済協力として資金提供を行い、漢江の奇跡を生んだことは記憶に新しい。北朝鮮は南北統一の暁には、韓国経済には十分な体力がないので、日本から巨額の資金を巻き上げようと長年にわたって企んできたのだ。外務省の概算によれば第二次世界大戦における満洲と朝鮮半島にまるごと置いてきたダムや工場などといった日本の残地資産は約七十一兆円。経済協力より戦後賠償の方がより金額も多く、何よりも日本人に歴史贖罪意識を植え付けることができ、心理戦に有効だ。ちなみに「日帝強占下強制動員被害真相糾明委員会」に情報提供した協力者は、またもや日本人だ。

このような南北統一という長期的な展望で、朝鮮半島が一丸となって日本に歴史戦を仕掛けているのだ。その目的を達成するためには、何が何でも「産業遺産情報センター」

を潰さなければならない。なぜなら産業遺産情報センターには活動家にとっては不都合な在日朝鮮人の証言、「朝鮮差別はなかった」などといった趣旨の証言が展示されており、彼らがのぞむような歴史捏造証言は何も展示されていないからだ。

国士がいなくなった!

産業遺産情報センター叩きは韓国のみならず、以前、拙著(『捏造メディアが報じない真実』ワック)でも触れたが、NHKや共同通信、朝日新聞なども姑息な手段でやっている。今回もまた、佐渡金山ユネスコ登録絡みのニュースで、必ずといっていいほど、先の日本のメディアや韓国メディアが書き立てるのが、「フルヒストリー(歴史全体)を書け」「強制労働と書け」「日本はユネスコ勧告を無視して歴史歪曲」といったもの。

これは佐藤地《くに》ユネスコ大使(当時)が二〇一五年、

「Koreans and others who were brought against their will and forced to work under harsh conditions」(「多くの朝鮮半島の出身者などが、その意思に反して連れて来られ、厳しい環境の下で働かされた」)

と、韓国側に言質《げんち》をとられてしまうような内容の声明を発表したことに起因する。外務省は言い訳がましく、韓国は「強制労働（forced labor）」と表記するよう求めたが、「働かされた（forced to work）」にしたから問題ないと日本国民に強弁したが、詭弁《きべん》も甚だしい。さらに許しがたいのは「この犠牲者のことを忘れないようにする情報センターの設置など、適切な措置を取る用意がある」と余計なセンテンスを付け加えたことだ。このしわ寄せをすべて産業遺産情報センターの加藤康子氏が背負わされているのだから理不尽な話ではないか。

しかも当時の外務大臣は岸田文雄氏だった。だからこそ、現政権で佐渡金山ユネスコ登録申請に日本政府が右往左往したのであろう。

当時の決定に詳しい関係者は「韓国に言質をとられるような声明を出させた黒幕は別《べっ》所浩郎《しょこうろう》氏だ」と指摘する。別所氏は二〇一二年〜一六年まで駐大韓民国特命全権大使に就任。一六年六月、国際連合日本政府代表部特命全権大使に就任し、日韓両国の友好親善に貢献した功績をたたえられ、韓国政府から修交勲章光化章を授与されている。このような勲章をもらうということは、よほど韓国に利することをしたのではないか。そういう印象を受ける。

こんな地雷を埋め込まれた声明文と引き換えに「明治日本の産業革命遺産　製鉄・製鋼、造船、石炭産業」の世界遺産への登録が決定した。この明治日本の産業遺産を展示しているのが、産業遺産情報センター。加藤康子氏は「私は、『イコモスで登録勧告をもらっている案件で領土問題以外でユネスコの世界遺産委員会で否決されたりすることは前例がない。世界遺産価値は認められているわけだから、政治的な妥協をせず、負けてもいいから堂々と正面突破で投票し、決議をとるべきだ』と語りましたが、時すでに遅しでした」と言う。そして国内外からの執拗《しつよう》な産業遺産情報センター展示改竄《かいざん》圧力の矢《や》面《おもて》に立たされ、一歩も後退せずに加藤氏が頑張っているのが現状だ。本来なら外務省が加藤氏に平謝りしてセンターの展示物を全面バックアップ、もしくは声明文の取り消し自体を考えるべきではないか。実際に日本の国益を著しく貶《おとし》めたのだから。

さすがに日本政府もこのままではマズイと思ったのか、二〇二一年四月二十七日、菅義偉政権（当時）は、朝鮮人労働者の戦時動員は「強制労働」ではないという閣議決定を行っている。

戦前に日本も批准していた「強制労働に関する条約（Forced Labour Convention）」では、戦時労働動員は国際法違反の「強制労働（forced labour）」に含まれないと規定していた。

徴用は法的拘束力があったものの、国際社会で使われている強制労働と表現することは適切ではないと判断したが、このような解釈をめぐる閣議決定も国際社会にわかりやすく発信しないと、よほどの親日家でない限り理解を示さないであろう。

それにしても、佐渡金山の推薦書提出（さらには書類不備も発覚し、来年中の登録は困難になった！）にしても、躊躇し先送りしようとしていた岸田政権の尻を蹴飛ばしたのが安倍さんだった。石原慎太郎氏に安倍晋三氏の二人の保守派、国士の巨頭なき日本……。この先、大丈夫なのか不安になる。

第四章

立憲を「代表」する逢坂誠二議員の「反日主義」を解析する！

反社会的勢力とのつながりの有無

北海道では、想像以上に「サイレント・インベージョン」（目に見えない侵略）が進行している。実際にどうなっているのか。中国の土地買収に警鐘を鳴らす倶知安町《くっちゃんちょう》（ニセコエリア）の田中義人町議会議員に現地の案内をお願いした。

田中　三シーズン前に「ハク・ヴィラズ（Haku Villas）」という名称のコンドミニアムができました。六階建てで、下から四階までは一泊百七十万円。上の二フロアはいわゆるペントハウス（高額で特別な仕様の住戸）で一泊三百万円。しかも一泊ではダメで、最低一週間以上が宿泊条件になっているので、ペントハウスだと消費税込みで二千三百十万円。このハク・ヴィラズのペントハウスと下のワンフロアのオーナーが、サンシティグループの代表であるアルビン・チャウと聞いています。

マカオのカジノなどを運営するサンシティグループは、倶知安町や宮古島で大規模なリゾート開発を計画している。サンシティグループには反社会的勢力とのつながりを示《し》唆《さ》する声も大きい。オーストラリアのカジノ監督機関から二〇二一年にこんな報告が出ている。

《アルビン・チャウ氏が以前は14Kトライアドグループ（香港を拠点とする犯罪組織で、三合会の系列の一つ）との関係を持ち、トライアドグループのメンバーとの関係を継続した可能性が高いことを立証している。チャウ氏、サンシティ・ジャンケット（世界各国の富裕層をカジノへ招待し、航空券やホテル、滞在中の移動や食事などを世話する人々）、組織犯罪グループの間には明確なつながりがあった》（二〇二一年二月一日付／カジノ管理法〈一九九二〉第百四十三条に基づく照会に関する調査報告書）

また、米メディアのCNNは二〇二〇年、サンシティグループとつながりがある14Kのトップについて、次のように報じている。

《米、中国マフィアのボスを制裁対象に指定　腐敗対策の一環》

《米政府は三合会系組織「14K」を率いる著名なマフィア、尹國駒氏を制裁対象に指定した。尹氏は「歯欠け」の異名で知られる。米財務省は14Kを「世界最大規模の中国系組織犯罪集団」と形容。麻薬密輸や違法賭博、恐喝、人身売買など、さまざまな犯罪行為を行っていると指摘した。（略）財務省によると、尹氏は中国共産党の諮問機関「中国人民政治協商会議（CPPCC）」のメンバー入りも果たした》（二〇二〇年十二月十一日付）

ちなみに尹國駒氏は米国のみならず、マレーシアからも指名手配をされている。アジアや米国でその悪行が知れわたっているが、北海道や南西諸島に進出しているサンシティグループに便乗してこないことを願うばかりだ。

中国資本流入の弊害にはノーテンキな道新

不気味なのは北海道新聞だ。サンシティグループの危険性にはまったく触れず、四百億円の資本流入などと能天気な記事を掲載している（二〇二一年六月四日付）。中国資本の流入は地元への還元どころか、様々な弊害を生み出しているのにもかかわらずだ。

田中　サンシティグループが購入した土地については、我々も寝耳に水でした。なにしろ彼らはサンシティグループとは違う名称の現地法人をつくり購入しているので、気付きにくいんです。宿泊先は関係者しか入れない可能性もあります。カジノ行為では「ジャンケット」事業者の接待に使われても誰もチェックできない。実際に「ゲートコミュニティ」になるエリアもあります。

――米国などにあるようなゲートで囲まれ、入り口にガードマンがいる富裕層の高級住宅エリアですね。

田中　ニセコの花園エリアには五つ星のホテルが二〇二四年に完成予定です。今後、ゲートコミュニティの増加が予測されますが、お客さんと関係者しか入れないので、中で何をやっているのかわからない。しかも地元の経済活動ともつながらないので、草刈り場になる懸念が拭《ぬぐ》いきれません。

――外国資本の投入で地元が潤《うるお》うのでは。

田中　ビジネスモデルがまったく違うので、そう簡単に地元に還元されません。例えば日本でのホテルは長期戦略ですが、海外やニセコなどは建物を建てるためのＳＰＣという特別目的の短命な会社をつくります。そのSPCがコテージやホテルをつくり、部屋を売り切った時点で利益を確定して解散。次にホテルをオペレートする会社を別に持ってきて、そこから先はホテルサイドで運営という別のビジネスが始まります。

今回、開発する資本元はシンガポールの会社ですが、お金の出どころは中国。別のエリアは香港やシンガポールの会社ですが、彼らも日本の現地法人をつくり、開発が終わったら会社は一旦解散。ニセコエリアでの開発は、ほぼすべて同じ構図です。ですから、開発業者は環境破壊もお構いなしに、長期的なビジョンを持たず、どんどん乱開発する。当然、そのしわ寄せは地元にきます。

――チャイナマネーで地元の建設業者にも利益が出ますか。

田中　大規模なホテルだと、札幌から大手の建設会社が来るので、地元の業者は入れない。入れたとしても設備関係や水回りくらい。そう考えると大した恩恵はありません。

それどころか喫緊《きっきん》の課題もあります。実は今後四～五年間に、こういった開発がどんどん進むと、現在供給している飲水等を倍増しないと間に合わないのです。そのため、七十二億円の浄水関連の施設外工事と、そのための井戸の掘削《くっさく》、下水道処理能力を向上する工事をしなければならない。

――その七十二億円は、どこが出すんですか。

田中　ニセコエリアの自治体（倶知安町）が支払います。地元が儲からないのに、外資の特別目的会社が儲け、新たな水道整備のために税金を使う。本末転倒です。

――外国資本はどのくらいの利ザヤが出ますか。

田中　多いところだと、五百倍くらいの利ザヤを稼げていたのではないでしょうか。原野や山林を二束三文で買い叩き、そこを造成して豪華な箱物をつくれば億単位の価格に跳ね上がります。すさまじい錬金術ですよ。インフラ整備は我々の血税。ニセコ以外にも富良野や長野県の白馬などは同じようなノウハウで開発、荒稼ぎです。

――それはあんまりです。日本の国土で日本のシステムがいいように利用されている。

田中　彼らに日本の法律の盲点をアドバイスする日本人もいます。また、水道に関していえば、供給区域内には正当な理由がない限り、自治体が水を供給しなければならないという水道法がある。外資からしてみれば「水道整備に金を出さずに開発行為ができ、利益率が上がってラッキー」という話です。

民族の魂（母国語）を奪う中共の狙いとは

田中さんは、二〇二一年七月に発生した静岡県熱海市伊豆山地区の逢初《あいぞめ》川の土石流災害も他人事ではないと、中途半端に乱開発された場所にも案内してくれた。

田中　香港の会社で約二百億円かけて進められていた開発エリアの場合、途中で資金が集まらなくなり頓挫《とんざ》しています。問題なのが土砂災害警戒区域ですよ。一帯は全部林でしたが、香港の会社がそこら中の木々を伐採してしまった。傾斜している土地なので、下の方の住民は不安を拭《ぬぐ》いきれません。

——開発許可を与えた側の責任も問われませんか。

田中　そうですよね。開発許可を出したのは北海道ですが、一回許可を出すと、その後はノーチェック。水道の問題も北海道が許可を出した結果が、市町村が水道の供給量を増やさないといけない結論になる。地元の自治体と協議を重ねるべきです。

——地元の方はどんな気持ちで中国が持ち込んだビジネスモデルを見ていますか。

田中　おそらく、このような経済の構図を意識している地元の人はほとんどいません。今後は英語に代わって中国語ができないと接客もできない世界がやってくる可能性もあるのだとすれば暗澹《あんたん》たる気持ちです。

――中国語といえば町ぐるみで中国語が教えられているとか。

田中　倶知安町は英語の授業ですけど、ニセコ町は役場に国際交流員という形で数年前から中国人が勤めています。その人が幼稚園や、インターナショナルスクールなどの学校に行き、中国語でコミュニケーションの授業をしています。

中国は侵略した先のチベット・ウイグル・モンゴルで、それぞれの母語の教育や授業を禁止・削減している。その国の魂を奪うために母国語を禁じ、中国語を強要しているのだ。ニセコ役場の中国人は、日本人の小学生にも中国語を教えているそうだが、単純な国際交流という美談ではなかろう。

田中さんが最後に案内してくれたのは、中国資本に買われた自衛隊倶知安駐屯地の周辺の土地だった。

中国人向けのプロモーションに積極的だった逢坂誠二市長

田中　香港資本の企業が駐屯地と自衛隊演習所の間に隣接した土地、約二ヘクタールを数年前に買収しました。ここは羊蹄山《ようていざん》からの湧き水を取り入れるのも可能な場所で、倶知安町水源地の近くになります。だから、様々な使い道がある土地なのです。ようやく二〇二一年六月に土地規制法案が通りましたが、時すでに遅しの感は否めません。

――懸念材料が山積みですね。

田中　ただ、土地の購入については国が何とかしてくれないと、地方自治体ではどうしようもできません。

――中国のサイレント・インベージョンがここまで進んでいるとは想像以上でした。

田中　もう二〜三年前からです。インバウンドを生むため、ニセコエリアでは、豪州のお客さんが多かったので、豪州にプロモーションする動きが強かった。倶知安町でも、民間の観光関連事業者（田中さんは町議会議員と地域連携ＤＭＯニセコプロモーションボードの業務執行理事を務めている）は、なるべく英語圏の人を呼び込もうとしましたが、ニセコ町は早くから中国人向けのプロモーションを続けていました。

——中国寄りの街づくりを推進した町長はどなたですか。

田中　モリ・カケで安倍さんを追及したことで有名になった立憲民主党の逢坂誠二《おおさかせいじ》衆議院議員ですよ。彼はニセコ町長を三期務め、北海道で最初に自治基本条例を制定しています。住民の投票条例は含まれていませんが、必要であれば今後も投票条例を追加し、外国移住者も投票参加できるような下地をつくっています。漢民族は人口の三％もいれば、その地域に影響を与えることができるという指摘もある。

倶知安町は一万五千人、ニセコ町は五千人の人口しかいません。つまり、ニセコ町に中国人が百五十人もいれば、あっという間に影響力を持ててしまう。

逢坂氏は『エコノミスト』誌（二〇一七年十二月二十六日号）によると、二〇一七年の通常国会と特別国会において質問主意書の提出件数が断トツだった。質問主意書とは、国会質問するチャンスに恵まれない議員のために、議会中であれば誰もが文書で内閣に質問できる制度で、「二〇一七年通常国会、衆議院一位は逢坂誠二氏　提出件数百三十八回、二位は宮崎岳志氏／五十六回」と、二位の倍以上の質問をこなしている。ちなみに、参議院一位は「有田芳生氏」。

同様に特別国会も一位は「逢坂誠二氏　四十五回」(二〇一八年三月二十七日号)で、通常国会の衆参本会議の質問時間においても「一位は逢坂誠二氏　六十六分、二位は志位和夫氏・大串博志氏・階猛氏/六十四分」(二〇一八年七月十日号)と、やはりトップだった。

本当に日本の国会議員?

問題は質問の中身だ。多くの日本国民が知りたいと思う質問であれば、国会議員の鑑《かがみ》ともなろう。

高市早苗議員なども、野党時代にはよく質問主意書を出していた。例えば「中国人船長の釈放方針決定に至る経緯と法務大臣の指揮等に関する質問主意書」(第176回国会衆議院　質問主意書　第23号・2010/10/04提出、45期、自由民主党・無所属の会)などだ。民主党政権の情けない暴力船長の釈放などの対応を問い質したものだ。こういう主意書なら日本国民の「知る権利」に応えるものといえよう。

また、異例だが、与党時代にも『「慰安婦」問題の教科書掲載に関する質問主意書』を出したこともある。愛国者ならではの質問主意書といえよう。

そこで逢坂氏の質問主意書をリサーチしてみた。すると驚くことに、中国や北朝鮮など近隣諸国についてのもののほうがモリ・カケよりも多かったのだ。

近隣諸国に関する質問内容は、政府の安全保障に対する認識の甘さや、あるいは国防政策上の至らぬところの追及ならまだしも、時には外国政府の代弁者ではないかと思わせるような内容や、日本政府の言質《げんち》を取ることが目的ではないかと解釈できるような質問が見られた。その一部を紹介しよう。

「中国のものと推定される無人機による防空識別圏（ＡＤＩＺ）への侵入事案に関する質問主意書」

《当該無人機はどの程度の高度を飛行していたのか。（略）当該無人機のみならず、国籍不明の無人機のわが国のＡＤＩＺ内への侵入は、どの程度わが国の領空、領海に近づけば、航空自衛隊の戦闘機が緊急発進し、何分でその無人機に到達するのか、またその時にどのようなレーダーが使用されるのかを観測する目的があると思われ、わが国の安全保障上の懸念要因となりかねない。これに対してどのような対応策を持っているのか。政府の見解如何》(平成三十年四月二十日提出)

国籍不明機などに対処する対領空侵犯措置に関する詳細が高度な軍事機密事項であることは一般常識であり、当然ながら政府の回答は《お尋ねについては、自衛隊の警戒監視能力を明らかにするおそれがあることから(略)、今後の自衛隊の運用に支障を及ぼすおそれがあることから、お答えを差し控えたい》だった。

「東シナ海の領海防衛に対する政府の考え方に関する質問主意書」(平成二十七年六月二十二日提出)では、安倍内閣が進めていた自衛隊法等の一部を改正する法律案や、PKOなどの自衛隊協力に関し、

《従来、行政実務、判例を勘案して積み重ねられてきた憲法学的知見とは明白に反するもので、違憲である》

と前置きした上で、

《現在、尖閣諸島周辺の政府の行っている警備体制について、人員、艦船、装備している武器等を具体的に示されたい》
《尖閣諸島の一つの島が漁民等に偽装された兵士に占領され、海上保安庁の艦船等が接近すると火力で応戦しはじめ、近づくことができない場合、この島は「日本国の施政の下にある領域」であるといえるのか、政府の見解を示されたい》
《中国外務省の華春瑩副報道局長は、平成二十五年四月二十六日の記者会見で、尖閣諸島について「釣魚島（尖閣諸島の中国名）は中国の領土主権に関する問題であり、当然、中国の核心的利益に属する」と述べている。（略）「尖閣諸島の問題を核心的利益であると主張している」という事実を政府は認識しているのか、見解を示されたい》
などと質問している。

あなたは中国政府の代理人か？

逢坂氏のこういった質問は理解に苦しむ。というのも先の、航空自衛隊の対領空侵犯措置に対する質問もそうだが、逢坂氏の質問は自衛隊や海上保安庁の手のうちを暴露させるものだ。だが果たして日本国民は、そのようなことを知りたいだろうか。もっといえば、この質問によって国防体制の詳細を明らかにさせることで、逢坂氏はどうしたかったのか。国防体制の不備を指摘し、さらなる防衛力強化を求めるつもりだったのだろうか。

もしそうだとすればありがたい。だが、この質問に対して政府が国防体制を詳《つまび》らかにしたとすれば、そのことによって利するのは誰か。日本国民でないことだけは明らかだろう。

長尾たかし氏（前自民党国会議員）は、逢坂氏のことを次のように評する。

「自らが中国共産党のスパイであると証明しているような質問主意書の数々。スパイ行為を絶対に許さぬ法的根拠を持った国での行為ならば、政府によって拘束されても当然。答弁書は閣議決定であるため、関係省庁が大変な時間と労力をもって作成する。政府としては中共の意向に沿った国家機密に関わる質問等に答えられるはずもなく、ただその提出数に酔いしれている。

国会議員に与えられた権利を国家国民のために使わず、他国への利益誘導、霞が関を疲弊させることが目的とするならば、まさに税金の無駄遣い、非国民的行為である。その自覚もなくこれを繰り返す、国会議員としてこれ以上の愚行は存在しない」

さらに山田宏参議院議員（自民党）は、次のように述べている。

「逢坂議員の質問は、中国が我が国に対して不法不当な侵略行為を行っているという基本的な認識が全くなく、中国の一方的な主張を無批判に受け入れ、代弁している。さらに国会議員の権限をフル活用してわが国の防衛機密を聞き出そうとすることは、わが国の国会議員として売国的行為に他ならず『中国政府の代理人』の役割を果たしていると断言してもいい。

どこの国にも信条や主張を異にしている様々な政治家は存在するが、『すべて自らの奉仕する国家の利益のため』という思いは一致しているのが通常だが、わが国の国会議員の中には、自ら奉仕すべき自国の利益を損ない、意図的に、または結果的に他国の利益を図ろうとする議員が多く存在していることは、実に異常だと思う」

南京に慰霊のために訪問せよと安倍総理に説くとは？

さらに歴史認識においても、逢坂氏は一体どこの国の政治家なのか、と思わざるを得ない提案をしている。

「安倍総理の真珠湾訪問を発表した会見内容に関する質問主意書」（平成二十八年十二月十二日提出）で、安倍総理がアメリカのオバマ大統領との会談及びハワイの真珠湾への訪問を発表した際、

《安倍総理はなぜこの時期に「日米の和解」を強調するのか。これは何を意図しているのか》

と質問し、挙句の果てにこんな提案をしている。

《十二月七日の産経新聞は、「中国外務省の陸慷報道官は七日の定例記者会見で、安倍晋三首相の真珠湾訪問に関連して『日本側が深く反省して誠実に謝罪しようと思うのな

らば、南京大虐殺記念館であれ九一八事変（満洲事変）記念館であれ七三一部隊の遺跡であれ、中国側には慰霊のために提供できる多くの場所がある』と述べた」ことを報じた。また中国の世論には「日本の評論の中には真珠湾よりも南京大虐殺記念館に行くべきだとの声」があるとも承知している。（略）外交上のバランスから、安倍総理は中国政府の示唆するように南京に慰霊のために訪問することも検討すべきではないか。政府は総理の南京訪問を検討したことはあるのか。仮に訪問を検討したことがないとすれば、どのような理由からか。政府の見解を示されたい》

敵の対日プロパガンダ施設に首相が訪れることのどこが〝外交上のバランス〟なのか、逢坂氏だけは絶対に外務大臣になってほしくない、いや外務大臣に絶対にしてはいけない政治家だと思う。

次の逢坂氏の質問に関しては、失笑を免れない。

「中国が進めるシルクロード経済圏構想『一帯一路』への日本政府の対応に関する質問主意書」（平成二十九年五月十五日提出）では、「一帯一路」の国際会議が北京で開幕したことを受け、習近平の《「開かれた協力の基盤を構築し、開かれた世界経済を維持・拡大する必要がある」》《「公正かつ合理的で透明性の高い世界貿易および投資」》という白々しい演説を紹介した上で、六問中の半分を《二階幹事長が主たる参加者で、政府からの経済産業副大臣の参加は同行という位置づけであると思われるが、政府には閣僚クラスの出席要請はなかったのか》と、〝閣僚クラスを参加させなかったのはなぜか〟といった趣旨の質問を執拗に繰り返した。

逢坂氏が熱心に後押しする一帯一路の実態はこうだ。

《インド太平洋地域における中国犯罪組織網の摘発》(IPDForum/二〇二一年四月二十三日付)によれば、二〇二一年三月、前述したサンシティグループとつながりがある14Kのボス、尹國駒氏の右腕として暗躍していた廖容疑者を含む犯罪組織がマレーシアで一斉に摘発された。

《逮捕者68人、1億円(100万米ドル)超に相当する資産の押収、41行の銀行口座凍結という成果に繋がっただけでなく、犯罪組織に関係している容疑でマレーシア人法執行

官34人が逮捕されるというスキャンダルに発展した》

《中国共産党が主導する中国人民政治協商会議の構成員である尹容疑者には、一帯一路政策の推進を表向きの顔として東南アジアの権力者層に属する人物を選別して違法行為に誘導したという犯罪歴もある。中国人民政治協商会議は中国共産党や団体などの代表で構成される全国統一戦線組織である。マレーシア王立警察の発表によると、2019年1月、尹容疑者は廖容疑者を世界洪門歴史文化協会の副会長に据えて効果的に廖容疑者を犯罪組織における自身の右腕に育て上げた。（略）当局によると、廖容疑者、尹容疑者、趙容疑者といった犯罪者等は国の法律や政策の抜け穴をうまく利用する。（略）米国の制裁対象だけでなく、マレーシアでも指名手配されている尹容疑者は、米国財務省が制裁を発表した数日後に中国への愛国心の証として、一帯一路政策に対する永久的な支持を誓約する動画をソーシャルメディアに投稿している》

14Kのリーダー尹國駒容疑者が黒幕として暗躍する一帯一路に「日本も積極的に関わり、閣僚を送るべき」と政府に力説するのだから開いた口が塞《ふさ》がらない。

ちなみに、逢坂氏に疑問を呈した長尾氏は、昨年秋の衆議院選挙（二〇二一年秋）で、残念ながら維新候補に敗れて落選した。その直後に『永田町中国代理人』（産経新聞出版）を刊行した。

山田宏氏は、二〇二二年七月の参議院選挙で再選された。逢坂氏も昨秋の衆議院選挙で再選され、立憲民主党の代表代行に就任している。

第五章

「アイヌ強制移住のウソ」によって北海道が中露に奪われる日

杜撰なアイヌ予算の運用

慰安婦問題の欺瞞《ぎまん》を、一次資料をもとに解説した『赤い水曜日』の著者、韓国の国史教科書研究所所長の金柄憲氏は「慰安婦問題は国際詐欺劇」と断罪している。史実や慰安婦証言の信憑性《しんぴょうせい》の検証もなおざりにし、日本政府が何度も謝罪を繰り返した結果、現在進行形でドイツなどに慰安婦像が建てられ続けているのだ。

徴用工問題も、いわゆる〝徴用工〟と呼ばれる人々は朝鮮半島から志願してやってきたにもかかわらず、〝強制連行された〟として訴訟が起こされ、二〇二一年九月末には韓国の地裁が、差し押さえられた三菱重工業の資産を売却するよう命じるなど事態は深刻の度を増している。

二〇一五年、日本の外務省の佐藤地《くに》ユネスコ大使は、ユネスコ世界遺産委員会において「(端島《はしま》など、一部の産業施設で)過去一九四〇年代に韓国人などが〝自分の意思に反して(against their will)〟動員され、〝強制的に労働(forced to work)〟させられたことがあった」と発言し、河野洋平氏同様、韓国や反日活動家たちに言質《げんち》を取られてしまった。

日本と朝鮮半島・中国における過去の歴史問題において、一番大事な論点が〝強制〟という文言だ。朝日新聞が〝強制性〟などといった広義の解釈を入れてから、問題は悪化の一途をたどっている。

在サハリン韓国人問題、慰安婦問題、徴用工問題に次いで、いわゆる活動家らが用意しているとみられる戦後補償の一つが、〝エンチュウ（樺太《からふと》アイヌ）強制移住問題〟だ。

それまで日本は単一民族国家だったが、二〇〇八年、アイヌを先住民と日本政府が認めてしまった結果、アイヌには莫大な予算が拠出されている。

たとえばアイヌに関しての五輪関連拠出が十七億円、白老《しらおい》のアイヌ文化復興の国立施設「ウポポイ」の建設費に約二百億円、予定来場者に満たない分は税金で補填している。

内閣府のアイヌ施策推進室に問い合わせたところ、文科省や文化庁、厚労省、国土交通省、法務省などにそれぞれ拠出されているとのことだった。

「徴用工」もびっくりの「樺太アイヌ強制連行」の嘘

ともあれ、樺太アイヌ強制移住プロパガンダの背景に迫りたい。

きっかけは北海道元道議会議員の小野寺まさる氏が、チャンネル桜北海道で「稚内市《わっかないし》樺太記念館」の年表にシールが貼られていたと指摘したことによる。「移住」から「強制移住」と、史実と異なることが上書きされていたのだ。ほかにも「樺太アイヌ強制移住」について朝日新聞が旗振り役を務め報道していることを知り、妙な胸騒ぎを覚え、稚内に飛んだ。

史実から言えば、明治八年（一八七五）の樺太・千島交換条約によって、樺太アイヌは日露どちらかへの帰属を自らの意思で決定せねばならなくなり、樺太アイヌは日本国民になるか、ロシア国民になるかを自由意思で選択した結果、樺太アイヌは日本国民になることを望んで宗谷《そうや》に来たのだ。

そのことは樺太・千島交換条約第四条にも記されている。

《樺太島及クリル島に在る土人は現に住する所の地に永住し且其儘《かつそのまま》現領主の臣民たるの権なし故に若し其自己の政府の臣民足らんことを欲すれば其居住の地を去り其領主に属する土地に赴くべし。又其儘在来し地に永住を願はば其の籍を改むべし。各政府は土人去就決心の為め此条約附録を右土人に達する日より三カ年の猶予を与へ置くべし》

つまり、日本政府が権力を行使して樺太アイヌの人々を無理矢理移住させたわけではなく、ロシア国民になれば、彼らはそのまま樺太の地に残ることができたのだ。

では、本人の意思がいつの間に、それに反して〝強制〟になったのか。

結論から述べれば、「本人の意思」で日本を選択し、日本にやってきたのなら何の補償も得られない。ところが、〝強制移住〟させられたと偽れば、補償金が発生する可能性もある。その証拠に《アイヌ有識者懇　補償・教育　要望相次ぐ》《サハリンから道内に強制的に移住させられた樺太アイヌの子孫の田澤守さん（樺太アイヌ協会会長）は強制移住の謝罪と補償を求めた》（北海道新聞／二〇〇八年十月十四日付）という記事や、《アイヌ民族の権利保障を市民団体が政策提言へ》と題した記事（朝日新聞／二〇一八年四月二十一日付）で、田澤氏の「少数者に寄り添った政策を進めて欲しい」というコメントも報じられている。

では、一体誰が歴史を書き換えたのか。『アイヌ先住民族、その不都合な真実20』『アイヌ副読本「アイヌ民族：歴史と現在」を斬る　北朝鮮チュチェ思想汚染から子供を守れ』（展転社）の著者・的場光昭氏はこう断言する。

「樺太アイヌの強制連行というか強制移住というのを最初に言い出したのは、恵泉女学園大学の教授・上村英明氏です。彼はアイヌと琉球の人々を先住民族だといって国連を舞台にロビー活動している市民外交センター共同代表です。琉球（沖縄）、アイヌモシリ（北海道）の独立、つまり国家分断工作ですよ。先住民として認めさせるために、三つの強制移住をでっち上げました。一つは樺太アイヌの強制移住。それからアイヌの子どもたちの親からの引き離しと東京への強制移住。そしてもうひとつが千島アイヌの色丹島《しこたんとう》への強制移住。これらはいずれも嘘、でっち上げです」

一方、水面下でアイヌ政策に不都合な真実は、行政が廃棄処分していたことも発覚した。

的場　「私は一次資料を古本などで収集しています。たとえば『蝦夷風俗彙纂《えぞふうぞくいさん》』前編後編という本がありますが、実はこれ、北海道蛇田町《あぶたちょう》の図書館で廃棄処分されていたものです。本の後ろに廃棄のスタンプが押してありますでしょ？

この本は今、アイヌの歴史を捏造している連中にとって不都合な真実がたくさん書かれています。要するに、明治十五年（一八八二）にこの開拓使がアイヌに対して、どういう政策が必要かということで、アイヌの実態を知るために江戸期のアイヌ文献をたくさん抜粋しています。こういう貴重なものが破棄処分になっているんですよ」

木で鼻をくくったような返事

樺太アイヌ強制移住のでっち上げとは、どういうものだったのか。

「稚内市樺太記念館」の年表記述問題について、担当の稚内市教育委員会教育部長・S氏に記念館で取材に応じていただく予定だったが、口頭だと言葉に間違いがあってもいけないということで、書面にて質問のやりとりをさせていただくことになった。

その質問状の一部を紹介しよう。

《【年表の表記について】

〈「一八七五年8月　樺太アイヌ八四一人、宗谷に強制移住となる」

「一八七六年9月　宗谷の樺太アイヌ、小樽《おたる》を経て江別の対雁《ついしかり》に強制移住」

とありますが、当初、「強制」という文言はなく「移住」でした。
①記述がシールで変更されたのはいつ頃ですか？　それはどなたの判断で行われたのでしょうか？　その際、有識者の意見はヒアリングされたのでしょうか？
②樺太アイヌが「強制移住」させられたとするのは正しい史実でしょうか？　根拠があれば教えていただけますでしょうか？
③移住＝「自主的」、強制移住＝「本人の意思に反して」↓書き換えは百八十度違う意味になります。
　樺太アイヌは強制移住させられたと主張されるのであれば、北海道に住んでいた先人が樺太アイヌの方々を差別し、非人道的な対応をしたという話になりますが、市が運営する施設として、それを是とするのでしょうか？
④古い文献には樺太アイヌの意思で北海道にわたってきたという記述も散見されます。大事な一次資料の記述を反転させた記述となりますが、稚内市は今後も〝強制移住〟の記述のままにしておくのでしょうか？　それとも一次資料に基づいて、以前の記

述に戻す予定はあるでしょうか？》

これに対して、どのような経緯で誰が書き換えを命じたのか、などといった質問に対する回答はなかった。ただ、独自調査によれば約二年前にシールが貼られたという。

先方からの回答で肝心な部分を挙げるとすれば、

「『千島・樺太交換条約締結により、アイヌの人々のあずかり得ないところで移住を余儀なくされた』故に『本人の意に反したもの』」

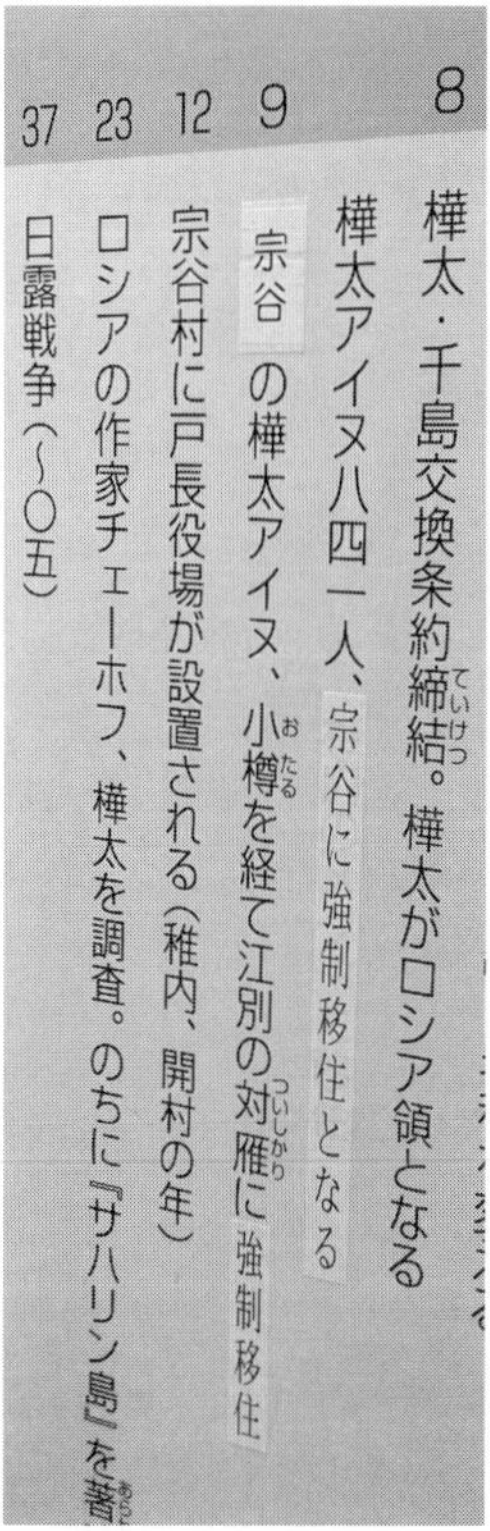
8 樺太・千島交換条約締結《ていけつ》。樺太がロシア領となる
樺太アイヌ八四一人、宗谷に強制移住となる
9 宗谷 の樺太アイヌ、小樽《おたる》を経て江別の対雁《ついしかり》に強制移住
12 宗谷村に戸長役場が設置される（稚内、開村の年）
23 ロシアの作家チェーホフ、樺太を調査。のちに『サハリン島』を著
37 日露戦争（～〇五）
「稚内市樺太記念館」の年表。「強制移住」というシールが貼られていることがわかる

つまり、〝強制移住〟だったというわけだ。

これに関して私は、二〇二一年十月二日に再質問状を送った。その要点を記したい。

樺太記念館は「強制移住」について、「（樺太アイヌは）本人の意思に反して、あずかり得ないところで移住を余儀なくされた」からと強弁しているが、この論旨で言えば、ロシアを選択した樺太アイヌも〝ロシアに強制移住〟ということになるが、果たしてロシア政府がそれを公式に認めるだろうか。

また、いくつかの古い文献にあった記述も、S教育部長に紹介した。

その一つが、昭和十一年（一九三六）に発刊された北海道庁編纂『新撰北海道史』である。

《明治八年、樺太、千島交換条約後、樺太の土人八百数十人帰化を望み、開拓使は之を石狩川沿岸の対雁に置いて、農業教授所、漁場等を与え篤《あつ》く之を保護することとした》

とある。

ほかには、西鶴定嘉氏の『樺太アイヌ』(一九七四年)で、

《復帰土人とは、明治八年九月千島・樺太交換後、我が統治を希望する土人八百四人を(札幌郡)対雁に移したのだが、樺太南方が復《ふたた》び邦領に回復せらるるに及んで故郷に復帰した土人をいう》

という一文を紹介した。

皮肉なことに西鶴氏の本は「稚内市樺太記念館」の資料室に置かれていたものだ。さらに、日本政府が樺太アイヌを保護し、優遇をはかっていた事例も出し、

《日本政府にとって樺太アイヌの受け入れは、財政的負担が大きく、日本政府が強制的に樺太アイヌに日本移住を選択させる合理的な理由が見当たりません。それでも樺太記念館側が〝強制移住だった〟と判断されるならば、納得し得る根拠をお示しください》

と問いかけた。さらに昨今の歴史戦についても触れ、トータルな回答を切望した。

ところが、残念なことにS教育部長からの二回目の回答も「あずかり得ないところ」を繰り返しただけの、木で鼻をくくったような返事で、初回と変わらない趣旨だった。

まともにとり合ってもらえないことが伝わってきて、サジを投げたくもなったが、この問題は私的なものではなく、日本の未来を担《にな》う子供たちにかかわる問題である。

この先どう教育すべきか、政治的な利害関係を含む大人の都合で改竄《かいざん》された北海道の歴史を、子供たちに伝えていくことが許されるのか。教育委員会も真摯に考え、答えを出してほしいと切に願い、三度目の質問状を送った。

〝強制移住〟の論拠とする本を読んでみれば

ただ、S教育部長の二回目の回答において、気になる点があった。〝強制移住〟の論拠として、『稚内百年史』(一九七八年発行)と『対雁《ついしかり》の碑《いしぶみ》』(樺太アイヌ史研究会編/一九九二年発行)の二冊を挙げていたのだ。そこで早速、目を通したのだが、唖然とした。これらの本は「強制移住」が虚偽だということを間接的に証明するものだったからだ。

まず『稚内百年史』だが、《一八七五年、樺太・千島交換条約にもとづいて、日本移住を求める樺太アイヌ八百四十一人が北海道に移住することになって》とあった。確かに宗谷から対雁には「強制移住」と表記されているが、これは史実としては不適切な表現であることを前述した的場氏が著作で指摘している。

〈結論として、カラフトから宗谷への移住は彼らの自由意思に基づいて、宗谷から対雁への移住は双方の合意に基づいて行われたというのが事実です〉

的場氏は論点になっている後者、宗谷から対雁への移住を何故〝双方の合意〟と断言したのか？　その説明に入る前に、上村英明氏や北海道新聞などの〝強制移住派〟が論拠にしている「樺太アイヌ上申書」について紹介しておく。

〈開拓使長官黒田清隆は当初、アイヌ民族と約束した宗谷移住を一方的に反故にすると、彼らを農業移民として石狩川上流の江別太（現在の江別市対雁）へ移住させることを決定しました。

これに対し、サハリン・アイヌの代表たちは次のような上申書を提出して、これに強く抗議しました。「自分たちは海岸に住み慣れており、海漁のできないところでは生活できない。もしその希望が受け入れられない場合には樺太に帰るしかないが、迷惑はかけないつもりである。自分たちで船を作り、それに乗って帰国するが、高波で船が転覆し水死するようなことがあっても決して後悔しない」。それは誇り高い決死の覚悟でした。サハリン・アイヌのこの願いを拒否した。開拓長官黒田は警察と軍艦を動員し、76年にこれらアイヌを江別太に強制移住させました〉(『知っていますか?アイヌ民族一問一答』。上村英明)。

確かにこの説明だけ読むと、開拓使長官黒田氏が樺太アイヌの嘆願を無視して強制的に移住させたかのような印象を受ける。しかし的場氏は、上村氏が触れた樺太アイヌ上申書を含め、一連の樺太アイヌ政策をこのように説明している。

〈開拓使はカラフトアイヌを一旦、宗谷へ落ち着かせたものの、自然環境が厳しく彼らの生活維持は困難であり、また彼らを樺太付近に置くことは国際紛争の元になることを恐れ、石狩りの対雁へ移住させることにしました。

ロシアが自国の少数民族保護と称して国境を越えて兵を進めるということは、現在でも行われていることを思えば、強国ロシアを恐れる開拓使の判断は当然です。

開拓使が提示したこの移住に樺太アイヌたちは異議を唱えたため、酋長格10人が江別太を実地調査して、結果がよければ応ずることになりましたが、結局彼らは移住を拒否し、開拓使は上村氏の記載にある上申書の願いを入れて、さらに厚田、石狩の漁場を与えることによって、初めて双方の合意が得られたのです〉（『アイヌ先住民族、その不都合な真実20』より）。

更に的場氏は著作の中で、一九八一年に北海道庁が編纂した『北海道舊土人保護沿革史』をもとに、いかに当時の政府が莫大な費用を投入して樺太アイヌの生活を保護したのか、具体的な数字をあげて説明している。ちなみに上村氏が『開拓長官黒田は警察と軍艦を動員し』としているのも誤りで、実際には軍艦ではなく運用船だということも指摘している。

次に『対雁の碑』だ。執筆者は石井清治氏、田崎勇氏、豊川重雄氏。一九七一年、北海道ウタリ協会石狩支部結成大会で議長を務めたのが豊川氏。その後、クリスチャンセンターで再開された大会の議長が石井氏だとある。この本の正直な感想を述べれば、学術研究の成果物というより、いわゆる活動家の主張が綴られたものと言っても過言ではなかろう。にもかかわらず、教育委員会がこのような記述内容に問題のある書籍を、年表記述の書き換えの根拠にしていることに驚きを禁じ得ない。
実は、その点について著者たちも自認しているのだ。
《明治初期に行われた〝樺太アイヌ強制移住〟という暴挙を、専門家ではない我々が調査を続け一冊の本にまとめたかった真意はここにある》
そして、こう綴っている。
《近年、日本政府は先の大戦の戦争責任を様々な方面から追求され、その責任を果たさざるを得なくなってきた。中国や樺太残留者の事、朝鮮・韓国から強制連行した人たちの事、従軍慰安婦の事、等々日本政府が果たさなければならない責任は大きい。そういう責任を追求していく中で、領土問題でこれほどまでに翻弄させられた樺太アイヌに対する日本政府の責任は回避できない事である》
著者らが歴史戦の延長線上に〝樺太アイヌ強制移住〟という文言を強引に仕込んだこ

とが見て取れなくもない。ちなみに『対雁の碑』が出版された前年の九一年には、朝日新聞の「吉田清治」の「虚言」をもとにした慰安婦報道大キャンペーンが始まっている。

当時の政府は樺太アイヌの移住を推奨せず

ともあれ『対雁の碑』の冒頭から〝強制移住〟でないことが明白にわかる記述がある。一九七九年（昭和五十四）十一月十一日に対雁で行われた第一回樺太移住殉難者慰霊墓前祭の実行委員会の川村三郎代表の挨拶を紹介しているのだが、「明治八年に日露間で締結された樺太千島交換条約によって、八五六名の樺太人がこの対雁の地に移住し開拓にあたりました（略）」とある。つまり川村氏は〝強制移住〟などとは言っていないのだ。

また同書には、ご丁寧にも〝強制移住〟でないことが一目瞭然の資料も紹介されている。

たとえば、一八七五年の樺太・千島交換条約の際、《此時政府に於いては樺太土人を伴うべからずと内訓《ないくん》せしも、長谷部・堀両判官は成るべく之を伴はんと欲し、土人中にも是非移住を望むものあり、因《よっ》て八百四十一名伴来れり》(犀川会資料/三三二頁)とある。

つまり、樺太人自ら移住を望んだことが明記されている。

ところが、史実を歪曲《わいきょく》するかのような曖昧模糊《あいまいもこ》とした解釈が続く。

《維新から日も浅く、政府としては多くの国費を要することは成るべく避けたい時であったろうから、アイヌの移住を好まない事情もあったであろうとは考えられるが、現地にあっては長い間の両者の関係から、アイヌが移住を望んだのか、あるいは現地の役人が奨めたのか、その間微妙なものがあったと思われる》

他にもこんな事例が紹介されている。「日本人と一緒に北海道に行きたいと云った(樺太アイヌ)」に対し、時の明治政府、黒田清隆開拓使長官の言葉はこうであった。

《然《しか》らば、来ようと思ふものは連れて来よう。イヤだといふものは其儘に置かう》(『あいぬ物語』山辺安之助。博文館)

また、『北海道殖民状況報文』の《従来該島ノ土人ニシテ我皇化ヲ慕ヒ我国管轄ノ民タランコトヲ請ヒ且其郷地ヲ望見シ得ラルベキ地方へ移住センコトヲ願フ者ノミ其願ヲ許シ》といった記述も紹介している。

つまり、当時の政府は、強制移住どころか樺太アイヌの移住を推奨していなかったことが明白である。

ところが、著者らは《これらの資料・文献で見る限りでは、ピウスツキーや高倉新一郎の、『日本人に誘われて』とする以外は、アイヌの希望による移住のように書かれている》などと、〝アイヌの希望〟をそうでなかったかのように誘導するため〝窮迫した移転〟だのと憶測を書き連ねているが、いずれも政府による〝強制移住〟を立証できてはいない。

活動家のプロパガンダ文書が唯一の根拠？

このような文脈で、白を黒に塗り替えるべく捻《ひね》り出された詭弁《きべん》が《樺太アイヌの人たちのまったくあずかり知らぬところでふたつの国家による「国境」確定によって、彼等は永い間住み馴れた故郷を捨て日本へ移住する者、ロシア流刑殖民との紛争、流刑囚徒や兵士の暴行迫害に逢いながらもなお故郷を捨て難く樺太に残る者（略）》という記述である。

まさにこの詭弁こそ、S教育部長からの二回に及ぶ回答と同じであったことは失笑せざるを得ない。

この本の著者は「あずかり知らぬ」、その根拠を示していない。示すことができないので、日露双方の取り決めにアイヌが口出しできず、本人の意思に反して「強制移住」させられたと拡大解釈したのだ。慰安婦問題にしても「強制連行」の証拠が出ないので、「本人の意思に反して」と問題点をすり替えられたが、それと同じ構図である。

一次資料たり得る数々の文献からも、樺太アイヌの北海道への移住が自由意思によるものであったことは疑うべくもない事実であり、「樺太アイヌの人たちのまったくあずかり知らぬところ」などという実に乱暴な理由付けに、一体だれが「はい、そうですか」と首を縦に振るだろうか。

その詭弁《きべん》の証拠に『対雁の碑』の著者らはこんな言い訳を入れている。

《しかし何といっても、資料の不足から推測、推察にとどまることが多く、はっきりと結論づけることができない部分の多かったことが残念である》

などと心境を吐露しているのだ。つまりこれを換言すれば、「強制移住を証明できる資料が見当たらなかったが、我々の推測（憶測？）、推察をもって強制移住と判断した」ということではなかろうか。

また、あとがきにはこうある。

《私たち（執筆者三名※注大高）が初めて会したのは、一九九〇年の六月五日のことでした。その日のメモをみると、樺太アイヌ強制移住史をまとめるにあたっての目標が次のように書かれています。

・この強制移住は日本近現代史における重大な民族問題であると位置付ける。

・強制移住という悲惨と苦難の歴史ではあるが、樺太アイヌの民族の尊厳が貫かれるような歴史像を目指す》

そして、結びに《いま問題になっている北方四島にしても、これを国連の統治に移し、各地のアイヌから希望者を募り、ここにアイヌ共和国をつくる——突飛な夢物語だろうか。（略）アイヌ新法やアイヌの主張に対し、今ここで和人が応えるべき時が来ていると切に思うのである》とある。

つまり、最初から結論ありきの活動家によるプロパガンダと言っても過言ではなく、歴史検証には到底及ばない本ではなかろうか。

年表の書き換えについて「有識者より修正後の記述がより正確・適切であるとのご意見をいただいている」と、稚内市教育委員会からの回答にあったが、一体有識者とは誰なのか、ぜひ教えていただきたいものだ。この先もまだ、このような本を論拠に年表記述書き換えを正当化しようと試みるのなら、いずれ北海道には彼らが主張するような〝アイヌ共和国〟ができるだろう。アイヌの主張に応じて謝罪と補償をしていく覚悟があるのか、改めて問いたい。

あの朝日新聞ですら己の報道を正す

ちなみに朝日新聞は樺太アイヌ問題について、どのように報じているだろうか。調べた限り、一九八九年から二〇一三年にかけて「樺太アイヌ強制移住」といった趣旨の報道を十五回行っている。

特に一九九二年には三回も報じており、これは一九九一年八月十一日、植村隆記者が《元朝鮮人従軍慰安婦　戦後半世紀重い口開く》などと金学順さんが女子挺身隊として慰安婦にされたと、慰安婦報道の口火を切った翌年であり、戦後補償をテーマにした慰安婦問題との関連性が疑われる。

ところが、二〇一五年以降の報道から「強制移住」という表記が消え、以下のように書かれている。

《1875年（明治8年）千島樺太交換条約が締結され、日本国籍を選んだ樺太アイヌ民族は日本へ移住することとなった》

《1875年（明治8年）日ロ間で千島樺太交換条約が結ばれる。先祖代々南部に住んでいたアイヌ民族約2千人は、ロシア領となった故郷に残るか、北海道に残るかの選択を迫られた》（二〇一五年十一月十四日付）

二〇一五年以降、なぜこのように朝日新聞が表現を史実に基づいて戻したのか。それには慰安婦報道の訂正が関連しているようだ。

二〇一四年八月五日、朝日新聞は慰安婦問題に関する「慰安婦問題を考える」・「読者の疑問に答えます」と題した検証記事を掲載し、「朝鮮人慰安婦を強制連行した」などと述べた吉田清治氏証言を虚偽と認定した上で、関連記事十六本を取り消した。

吉田清治証言については、秦郁彦《はたいくひこ》氏をはじめ、多くの有識者がその虚偽を長年にわたって指摘し続けた結果、ついに朝日新聞が誤報を認めた。こうした状況が「樺太アイヌ強制移住」という表記の訂正を促したものと思われる。

本来ならば、過去の紙面における表記について訂正謝罪を入れるべきだが、慰安婦問題のように外部から指摘を受けていなかったからか、その翌年からこっそりと「強制移住」の表記は消えている。

このように樺太アイヌの北海道移住を「強制移住」と報じていた朝日新聞社も史実に基づき、誤った表記を訂正しているのだ。稚内市も展示内容の修正を、ぜひとも検討してもらいたい。

北朝鮮・中国賛美主義者がアイヌの歴史を改竄

年表改竄問題とは別に、もう一つの改竄問題が、的場氏の指摘により浮上した。

前述した『新撰北海道史』に、アイヌの集団の写真が掲載されており、「明治八年、樺太、千島交換条約後、樺太の土人八百数十人帰化を望み（略）」という説明が添えられているが、北海道の中学生全員と全国の中学校に各一冊ずつ配布されている「アイヌ民族：歴史と現在」という冊子にも同様の写真が掲載されており、なんと、その説明文が《江別に強制移住させられた（傍点：大高）樺太アイヌの人たち》と書き換えられていたのだ。

的場氏によれば、こういうことだ（この詳しい経緯は、彼の著書『アイヌ副読本「アイヌ民族：歴史と現在」を斬る　北朝鮮チュチェ思想汚染から子供を守れ』展転社を参照されたし）。

「『アイヌ民族：歴史と現在』は北海道の中学二年生全員に配られています。さらに全国で約一万の中学校にも配布されていますので、合計十万冊を超えた部数が配られてい

『新撰北海道史』に掲載された、アイヌの集団の写真。「明治八年、樺太、千島交換条約後、樺太の土人八百数十人帰化を望み（略）」という説明が添えられている

るわけです。この写真はウポポイの国立アイヌ民族博物館をはじめ全道の博物館に置かれて来館者に無料で頒布《はんぷ》されている小冊子『アイヌ民族〜歴史と文化』にも掲載され、同じ説明がなされています」

私は早速、中学生用の「アイヌ民族：歴史と現在」を入手したが、呆れるほかなかった。指導のポイントにはこうある。

《北海道が日本の一部にされたのは、先住民族であるアイヌ民族の理解を得たものではない。（小学校では日本とロシアの関係まで示すのは難しいが）まさしく「アイヌ民族にことわりなく、一方的に日本の一部にした」ものであることを理解させたい》

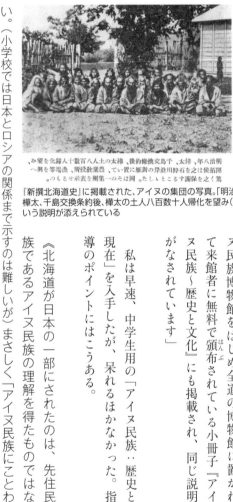

「アイヌ民族：歴史と現在」の事情について詳しい小野寺まさる氏に話をうかがった。

小野寺　「私はこのような『捏造された歴史』がいくつも書かれている副読本でアイヌに関する教育が行われているのは大問題だと思い、二〇一一年から何度かにわたり道議会で記述の再検証並びに訂正要求をしたのですが、冊子を発行した公益財団法人アイヌ民族文化財団が、訂正は〝アイヌ差別〟だと騒ぎ立て、朝日新聞や北海道新聞も加勢した結果、いまだに修正されていません。実に嘆かわしい。

ともあれ過剰なウポポイPRを筆頭に、これから北海道に展開されるアイヌ関連施設の請負い工事も国土交通省の管轄です。アイヌ・キャンペーンの根深さは想像を絶します。

『アイヌ民族：歴史と現在』には最後のページに執筆者が並んでいますが、一人もアイヌの

写真V－1：江別に強制移住させられた樺太アイヌの人たち

「アイヌ民族：歴史と現在」に掲載された同様の写真。説明文が「江別に強制移住させられた樺太アイヌの人たち」と書き換えられた

専門家がいないのは大問題です。しかも委員長である阿部一司公益社団法人北海道アイヌ協会元副理事長は、北朝鮮の主体《チユチエ》思想研究会の主要メンバーであることが判明しています」

北朝鮮の影響がアイヌ・キャンペーンにも絡んでいるのだろうか。それとともに、中国による〝赤い侵略阻止〟も喫緊《きつきん》の課題である。

気になった記事を紹介しよう。

《日本比較文化学会　北洋大に道支部　奥村学長「アイヌ文化など追究」》（北海道新聞／二〇二一年九月二十三日付）と題されたものだ。北洋大学は二〇二一年三月まで苫小牧駒《とまこまい》澤大学という名称だった。二〇一八年に学校法人駒澤大学から「学校法人京都育英館」に移管・譲渡されており、経営も実質的には京都育英館の松尾英孝理事長に握られている。

《（京都育英館は）平成25年4月に設立され、京都看護大学や苫小牧市に隣接する白老町

で北海道栄高校（生徒数371人）の運営を手がけている。（略）中国・瀋陽《しんよう》市では、東北育才外国語学校を設立、経営している》

《一部大学関係者や寄付行為者である曹洞宗《そうとうしゅう》の関係者の間では、移管譲渡までの経緯が不透明なうえ、苫駒大が中国人大学になり、駒大グループが中国化するのではないかという不安が広がっている》（産経新聞／二〇一七年六月十九日付）

京都育英館は多くの中国人留学生を東大・京大といった一流大学に送り込んでいる学校法人だ。もちろん東北育才外国語学校と中国共産党の絡みもある。いわば一部の中国人留学生の日本の大学への「サイレント・インベージョン（静かなる侵略）」の橋渡し役といいえなくもない。私も実際に京都育英館を訪ね、松尾理事長にも話を聞いている。松尾氏は「第二の周恩来をこの学校から出したいのです」と自身の夢を語っていたが、話の中で、京都育英館と中国共産党を結び付けたのが瀋陽の日本領事館だったこともわかった。

日本政府の本格的な大量の中国人留学生受け入れ「30万人計画」は二〇〇八年、福田康夫政権によって策定された。当時、約十二万人だった留学生の数を。二〇二〇年までに二・五倍に増やそうという計画である。これは日本の頭脳流出にもつながった中国千人計画と同時に推進されたものだ。

ここで過去を振り返ると実に奇妙なことがある。

二〇〇八年一月二十二日　中国製冷凍ギョーザによる中毒事件がおこり、十人中毒、子供重体という事件が起きたが、製造元の中国は知らぬ存ぜぬ、日本で反中感情が高まった時期だった。この事件の翌月の二月に驚くべきことに福田氏は毒物混入経路が不明のまま中国公安省が開いた「中国国内での毒物混入可能性は極めて低い」という事実上事件の幕引きを図る会見について、「中国は解決に非常に前向き」と評価しているのだ。その約半年後の七月二十九日に「留学生三十万人計画」を発表。これは九月一日の退陣表明記者会見の一カ月前に駆け込み式で発案した、著しく日本の国益を害する売国政策だった。


話はそれたが、こういった経緯を持つ北洋大が「アイヌ」に力を入れると宣言しているのだ。一部のアイヌ関係者は、〝アイヌ自治区〟を声高に叫んでいる。二〇二〇年七月に白老でオープンしたウポポイ（民族共生象徴空間）には「民族共生」という言葉が入っているが、中国は弾圧しているウイグル、チベット、南モンゴルのことを「民族共生」と称している。その欺瞞を再認識すべきだろう。

〝晴れて〟日本国民となったのでは

樺太アイヌ問題は、冒頭でも書いたように、徴用工問題とも深くかかわっている。徴用工問題に関わっている活動家や弁護士は、自著の中でお決まりの表現をする。歴史研究家の竹内康人氏が編著した『戦時朝鮮人強制労働調査資料集』（神戸学生青年センター出版部）には、

《北海道炭礦汽船はアイヌモシリでの植民地開発を担った企業ですが、北海道各地の炭鉱に数万人の朝鮮人を連行しています》

とある。

竹内氏は産業遺産情報センターを一方的な視点でやり玉に挙げた「実感ドドド！」というNHKの番組でコメンテーターとして出演していた人物で、彼が調査した〝朝鮮人強制労働〟リスト二千社以上の日本企業リストが、韓国の徴用工問題における訴訟の

ベースになっている。
また、中国人強制労働の花岡事件や三菱マテリアル八十億円和解などといった戦後補償裁判をたくさん手掛けている内田雅敏弁護士は自著で、
《植民地支配は経済的な収奪のみでなく、文化の破壊を伴います。日本は、明治以降、沖縄・アイヌモシリ（北海道）で内国植民地を経営し、経済的な収奪と並んで、沖縄、アイヌの文化を破壊し、言語を否定し、それを韓国にも持ち込みました》（『元徴用工和解への道――戦時被害と個人請求権』ちくま新書）
と記述している。
彼らの思惑通りに事が進めば、いずれ日本地図から北海道という文字が消え、〝アイヌモシリ〟（北海道）という文字が浮かび上がるのだろうか。実際に一部のアイヌの活動家たちはアイヌ自治権を主張し、「和人は借地料を支払え」と叫んでいる。
最後に樺太記念館にも大きなパネルで展示してもらいたい大事な記事を紹介したい。
《晴れて戸籍を得る　樺太アイヌ千人　近く多年の念願達す》と題された戦前の朝日の記事だ（一九三二年）。

《立派な日本國民でありながら今まで無籍者の歎をかこつてゐた樺太土着のアイヌ族約千名が、愈晴れて戸籍を與へられ民法上の権利義務を享受することゝなつた――》

果たして、樺太アイヌが樺太から泣く泣く強制移住させられたのだとしたら、日本戸籍を得ることを長年にわたって祈念し、〝晴れて〟日本国民となるだろうか。

取材の最終日、私は稚内市北方記念館・開基百年記念塔に登った。眼下には紺碧《こんぺき》のオホーツク海が広がり、その先に樺太がかすんで見えた。下の公園の乙女の像では手を合わせた。日ソ中立条約を破って侵略してきたソ連軍の生贄《いけにえ》にならぬよう、樺太真岡郵便局で自ら若い命を絶った九人の女性の霊を慰めるために建てられた像だ。また、陸海空の自衛隊も日夜北方に睨《にら》みをきかせて駐屯している。

稚内は日本の最北の防人《さきもり》の地として様々な歴史的なドラマを乗り越えながら、国防の要衝であり続けてきた。歴史の改竄は内憂外患、放っておけば内に秘めたる安全保障の脅威ともなり得る。

どうか稚内市教育委員会は、先人たちが遺してくれた誇りある歴史を子供たちに伝えるために襟《えり》を正していただきたい。

第六章

北海道&沖縄を中露に叩き売る人々

外務省の職員に「お前はどこの国の役人だ」と怒鳴る！

前出の元北海道議会議員の小野寺まさる氏が言うように、ここ数年、北海道における中国の「見えざる侵略《サイレント・インベージョン》」が顕著になっている。彼によると、北海道発の家具会社「ニトリ」が気になる動きを見せているという。二〇一九年から北海道産米「ななつぼし」を中国に輸出しているのだ。二〇二一年からは「ホクレン農業協同組合連合会」と共同で輸出を開始。二〇二一年末には五十四トンの輸出を計画し、農林水産省の実証事業として本格化を目指していたのだ。どうやって運ぶかというと、家具を運ぶ船便の空きコンテナを活用しているという。

中国は実は、深刻な食糧難に直面しており、西安でも餓死者が出ていると報じられていた。異常気象とコロナ禍による食糧不足で価格上昇も危惧《きぐ》されているのだが、それもあって、中国が世界中の食糧を買い占めている、との報道も世界中で行われているのに、日本は危機感があまりなく、気づけば逆に輸出し始めていたのだと小野寺氏は警鐘をならしている。

一番の問題は、先進国で日本は唯一、自国民を守るために食糧輸出を止める法律（制度）がないことだ。「これは中国に輸出する分だから」と農家に言われたら、どんなに国内で食糧が不足していても、止めようがないという。生産量が落ちて国内供給が不足しているのに、中国に輸出する分だけは確保されている、なんてバカげたこともあり得ますと小野寺氏は憂えてもいる。小野寺氏は、その件で農水省や外務省と以下のようなケンカを、かつてしたという。


「北海道議会議員だった頃（二〇一二年）、自民党の義家弘介参議院議員（現在は衆議院議員）と、農水省を訪ねて意見交換しました。

自国民の食糧安全保障のために多額の税金がつぎ込まれているのに、ここ一番で輸出規制ができないとは何事ですか。

そう尋ねると、二回目の意見交換で横から外務省の役人が出てきて「これは内外無差別です。日本人も外国人も希望の相手先に売るのは権利ですから、その先が、たとえ中国でも止める術《すべ》はありません。国際法上の問題が起きます」と言う。つい頭に来て「お前はどこの国の役人だ！」と怒鳴ってしまった（笑）」

小野寺氏によると、農水省は外務省には頭が上がらないようで、その際も、外務省の役人が帰ると、「本当にすみません。（力関係は）こんな感じなんです」と農水省の幹部は謝ってきて、これには同行した義家議員も激怒していたという。

それから十年以上経過したものの事態は不変のままのようだ。さらに、ニトリは、米のみならず水も中国に輸出しているのだ。さらに中国は北海道の水源地も狙っていると小野寺氏は言う。

「二〇一〇年六月に道議会で、北海道における外国資本の水資源買収について質問したことがあります。そのとき、北海道側は外国資本が森林を買っていた事実を初めて認めました。しかも、さらに調べると、七割以上が水源や水資源のある森林だと判明した。

水資源は国家の生命線です。近い将来、世界的な水不足が必ず起こる、と複数の国際的研究機関が警鐘を鳴らしていますし、米国の国家情報長官室の報告書でも『将来、世界中で水が不足し、水資源争奪の戦争が起こる』と書かれています」

にもかかわらず、爾来、そうした動きを止める明確な方針を政府は示していない。辛うじて、二〇二一年六月に、自衛隊基地や原子力発電所の周辺、および国境離島などでの土地の利用を規制する新法（土地規制法）が成立したものの、北海道の例に見られるような事例では対応できないのだ。

あまりにもノーテンキな中国迎合

ほかにもニトリの動きで気になる点がある。小野寺氏はこう指摘する。

「ニトリは、小樽市の山上にある日本唯一の宿泊可能なニシン御殿『銀鱗荘』を購入しました。ここは洞爺湖《とうやこ》サミット（二〇〇八年）の際、胡錦濤《こきんとう》国家主席に同伴した妻の劉《りゅう》永清《えいせい》が購入を希望し、地元の反対運動によって断念した経緯があります。あとから調べると、そこは第二次世界大戦中に石狩湾（小樽港）を見渡せる砲台が建てられた場所で、軍事的戦略上、かなり重要な場所でした。

さらに、ニトリはかつて遊園地があったオタモイ海岸（小樽市）の崖上の土地の再開発も表明しています。小樽北東の銀鱗荘とは地理的に対極（小樽北西）になりますが、ここも石狩湾を見渡せる場所で一部では懸念の声も上がっています。

なぜ小樽を狙うのかは不明ですが、港があって札幌にも近く、輸出をするには何かと好都合です。一帯一路のラインである釧路や苫小牧《とまこまい》にも近いですから、中国にしてみたら、見逃せない土地です」

中国が軍事上、重要な港や輸出路を確保できる土地を、ニトリを利用して押さえているとすれば大きな問題だ。備えあれば憂いなしだから、目を光らせておく必要があるだろう。

というのも、ニトリホールディングスの似鳥昭雄会長は、二〇二一年六月に「人民日報」の取材に応じて、こんな発言をしているからだ。

「中国の優位な時代は、まだまだ続く。そう簡単にサプライチェーンは分散できない。アジアは世界の中心になる。その中の中心が中国である。友好。仲良くしていただいて……」

と発言。つづけて、ニトリの店内を中国人記者と歩きながら、

「二階にあるものも一階にあるものも大体七割が中国製ですよ。もうどこを見ても中国ですね（笑）。これもやっぱり、中国のおかげですよね。だから本当に中国ないとね、もう生きていけないですよ」と楽しそうに話していたのだ。

ちなみに、小野寺氏によると、その中国人記者は反日記者として名を馳せている猛者だそうだ。

二〇二一年といえば、すでにファーウェイや孔子学院、新型コロナ、ウイグルジェノサイドなどで、世界中が中国を非難し、その脅威の排除が進んでいた時だ。そんな時期に、こんなノーテンキな中国迎合発言をするとは……。

二〇二一年四月、楽天の三木谷浩史会長もテンセントから出資を受け、日米両政府が監視を強める方針を固めたとする報道に対して「何をそんなに大騒ぎしているのか、まったく意味が分からない」と不快感を示したことがあった。ハッキリ言って、企業倫理を疑うしかあるまい。

さらに、小野寺氏は、「似鳥会長は、北海道の鈴木直道知事の後援会会長でもあり、それが影響しているのか、最近は中国の要人が来日すると、必ず北海道に寄って、鈴木

知事と会い『これからも中国に農産物を輸出してほしい』と告げて帰っていく」という。

ここまで話がつながると、鈴木知事も似鳥会長も中国が喜ぶことをしているのではないか、と勘繰りたくもなる。

安倍元首相の暗殺をめぐって、銃殺犯の動機が、母親の資産が統一教会系団体に横取りされたことにあるとはやしたてる人がいるが、ウイグルジェノサイドやコロナ蔓延の責任を負うべき中共に、ことさら媚びへつらう、こんな政財界人こそ問題ではないか。

かといって、ウイグルに知人がいて、その人たちが弾圧されているからといって、日本にいるウイグル支援者たちが媚中派の政治家や財界人を暗殺するようなことには賛成しないが……。

ともあれ、小野寺さんの証言によるとこうだ。

「鈴木知事は夕張市長時代、中国のペーパー会社に国際スキー場や大規模ホテルを次々に売却しました。しかも二億四千万円で売ったものが、香港ファンドに十五億円で転売され、市民の不利益が生まれたのに責任追及から逃げ続けている。中国サマサマの人物が地方の自治体の首長であることが、どれほど危険なことか、よくわかります。

ちなみに、そのペーパー会社は赤井川市にあるゴルフ場買収時にも名前が挙がり、丘の上に建つ小樽市指定の歴史的建造物を購入するなど、各地で怪しい動きをしています。日本人同士の献金だけではなく、これからは政治家を後援する企業が、どれだけ日本を敵視する国と親しいのか、チェックする必要がある。直接的に中国資本が入り込むよりも、中国シンパの日本の仮面企業に動いてもらう方が、中国としても好都合でしょうから。

そのほかにも、富良野市は、中国ビッグ・テック企業の一つ『テンセント』と協力し、自治体の情報ネットワークの構築を進めています（二〇二〇年七月提携）。同社の中国版フェイスブック「ＷｅＣｈａｔ」を活用して「スマートシティ」化に向けて取り組むなど、テンセントのデジタル技術を地方都市で活用するつもりです。中国とともに情報管理システムを構築するなんて言語道断です。それを指導する立場にある北海道庁も、二〇二一年九月、中国でアリババやテンセントと共同で物産展を開催していました。呆れて物も言えません」

中国共産党に乗っ取られる教育資産

「教育」分野でも、中国の侵略が著しい。学校法人の買収が進んでいるのだ。小野寺氏によると、その最たる例が、稚内北星学園大学と苫小牧駒澤大学（現在の北洋大学）だという。地元の子どもたちが大学教育を受けられるよう、必要な資金を地元から募っていたところ、急に中国資本が乗っ取ってしまったのだ。

最初は「地元と手を取り合いながら」と口にしていたのだが、実際には理事を全員解任し、すべて中国の息がかかった身内の役員に入れ替えたため、地元の人たちは憤慨したものの、「時すでに遅し」となってしまったとのこと。

この二校を買収したのは、中国に学校を合弁で設立している学校法人「育英館」だ。前にも触れたように、育英館は一九九八年、中国の瀋陽市で日本語教育を行う中高一貫校「東北育才外国語学校」を東北育才学校と合弁で設立。ここでは、中国の秀才の中でも突出した学生だけが集められ、「これからの中国を担う人材」として英才教育を施していた。

そして、スーパーエリートの中国人留学生が、育英館が運営する日本の「関西言語学院」に送られてくる。彼らは東大や京大など、ほぼ全員が一流大学に進学。大学側からスカウトが来ているという記事も出たほどだった。

数年前から中国の「千人計画」（海外から優秀な研究者を集める中国の人材招致プロジェクト）の実態が取りざたされているが、彼らが大学から技術やデータを盗む先兵として送り込まれている可能性も否定できないと小野寺氏は見ている。同感だ。

稚内《わっかない》北星学園大学の松尾英孝理事長と、中国の東北育才外国語学校の理事を引き合わせたのは日本領事だ。つまり外務省が側面支援している。それから大学維持の補助金を得るため、大勢の中国人留学生を受け入れている大学もある。中国もそれに付け込んで、今度はエリート以外の留学生も送り込んでいる。その実態が明らかになったのが札幌国際大学だと小野寺氏は言う。

「札幌国際大学の大月隆寛教授は、同大学を退任予定だった城後豊《じょうごゆたか》前学長の記者会見（二〇二〇年三月）に同席。城後前学長は『大学側は文科省が水準とする留学生の日本語能力試験の『N２』（五段階で二番目の難易度）に満たない留学生を大量に入学させていた』と指摘したところ、大月教授までもが突然、懲戒解雇されてしまったのです。大月教授は『会見で発言したわけでもなく、ついていってその場に同席していただけで、懲戒解雇の根拠がない』として訴訟を起こしています。

大学の事務局は『本学の〝独自の〟筆記試験と入学の面接試験、書類選考を行ったうえで入学させた』と説明しているものの、大月教授は『自前で日本語能力テストを実施すると、どうみても『N2』能力のない生徒が半分近くいることが分かった』と主張していますし、一部からはリモート入試が適当だったとの情報も洩れ聞こえています」

実際、教員の間で、留学生のレベルのばらつきが大きく、授業が成り立たないという報告が上がっていたという。学級崩壊状態で、日本人学生も大迷惑しているとのことだ。大月教授は「留学生は大半が中国人だ。専門学校生ビザで日本語学校に来て、『N2』レベルに達せず、ビザの切れた学生をいったん帰国させ、今度は改めて大学生として受け入れさせる『ビザ・ロンダリング』のようなことも起きている。日本語学校を転々としてきた三十代の学生もいる」(『夕刊フジ』二〇二一年八月一日付)とも指摘している。中国は、このように大学のレベルを見分け、学生を送り込んでいるのだ。

レベルの低い留学生を存続の危機にあるような地方の大学にターゲットを絞って送り、一方で勝手に人が集まるような一流大学には、優秀な留学生を送り込んでいる。

小野寺氏は、「日本国民のために使われるべき税金を、大学存続の補助金稼ぎのために、日本語もままならない中国人留学生を大量に入学させているような大学に充てるべきか、再考すべきだ」と指摘しているが、正論だ。

あちこちに「チャイナタウン」が誕生？

中国人留学生が大量に日本の大学に入学すれば、歴史観の改竄の温床にもなる。

たとえば、授業中に「南京大虐殺は検証の余地がある」などと言えば、たちまち中国人留学生が授業を妨害し、学生ネットワークを駆使して教授をつるし上げる。中国共産党の歴史観を一方的に押しつけてくる。しかも、やり方も実に巧妙。

ただ米国は、しっかりアカデミズムにメスを入れている。二〇二一年十二月二十一日、中国政府に科学研究成果を移転するため、米捜査当局に虚偽の説明を行った罪で逮捕されたハーバード大学のチャールズ・リーバー化学・化学生物学部長に有罪判決が出た。

そのほか、米国の大学では各大学で孔子学院（世界の大学に設置している中国語・中国文化の教育機関。中国共産党のプロパガンダ工作機関と見られている）の閉鎖や政府補助金の停止などが起こっている。なかには成績・素行不良の留学生などを追放もしている。

ところが、日本では相変わらず孔子学院が健在で、むしろ活発化している。札幌大の孔子学院はその最たるものといえよう（ただ、兵庫医科大学の孔子学院が二〇二一年二月に閉鎖された）。

さらに、白糠町《しらぬかちょう》やニセコ町では、小学校入学前の児童に中国語を教えるカリキュラムを導入する保育所もある。どちらも市役所が中国人を雇い、太極拳などを通じて中国文化を受け入れやすい土壌づくりをした上でのことだと小野寺氏は言う。

それどころかニセコ町は、習近平の母校・清華大学の沓名美和教授を招聘《しょうへい》し、街づくりのプランニングを任せているとのこと。前にも述べたように、ニセコ町は立憲民主党の代表戦にも出馬した逢坂誠二衆議院議員が町長だった自治体だ。

中国大手カジノ企業「サンシティグループ」がニセコ周辺の土地を次々に買収し、四百億円規模のリゾート開発にも乗り出しているから、ニセコがチャイナタウン化する日も、そう遠くはなさそうだ。

一方の白糠町も中国と関係が深いと小野寺氏は言う。白糠町は、一帯一路の釧路港にも近い。

「以前、白糠町の町会議員が『棚野孝夫町長の息子（中国在住）が中国で仕事をしており、母親（町長の妻）も町長と一緒に中国に何度も行っている。町長の異常な中国への傾倒ぶりを見て〝接待を受けているのではないか〟と疑う町民は少なからずおり、大変な状況なんです』と話していました。

さらに食品会社『神戸物産』と密接な関係にあります。『食のニトリ』を目指す神戸物産は、中国から農産物を輸入し、低価格で販売することで一部上場を果たしている企業ですが、ここも中国の影響力が強い。

神戸物産は、なぜかバイオマス発電所を建設したり、神戸物産の創業者がその隣の敷地に地質学研究所の専門学校を建設したりして、白糠町へ何億円もの大金をつぎ込んでいます」

中国は土地買収と同時に、日本のエネルギーも狙っているから油断できない。なにしろ、小野寺氏によれば、北海道の太陽光発電所の四割が中国企業であるという。

「先日、国土資源総研所長の平野秀樹さんによる調査では全国でも四割が中国資本だったと発表されました。日本は色々な形で広大な土地が買収され続けているのです。

二〇二一年七月に発生した熱海の土石流災害でも明らかなとおり、太陽光発電は災害リスクが高く、耐用年数をすぎれば、産業廃棄物の墓場になる危険性もあります。北海道には地熱発電所のほか、火力発電所やガス発電所もたくさんあります。そうした場所も軒並み中国に買われています。

また帯広市、旭川市、稚内市、中富良野町など、自衛隊の訓練場や連絡塔の周辺の土地や施設が買収されたり、名義変更されています。以前から叫ばれている土地や不動産、リゾートの買収もコロナ禍でエスカレートしている。政府には、外国資本による土地買収を防ぐ手立てを講じてほしいものです」

これまた前にも触れた通り、二〇二一年六月に土地規制法案が通ったものの、規制強化には不十分というしかない。

中共とロシアが企む琉球＆アイヌ（北海道）独立

そうした北海道の危機意識の低さが招いたのが、アイヌ問題といえよう。

アイヌ政策は左翼側のやりたい放題で、以前、内閣府の「アイヌ施策推進室」に、どれだけ国から予算がついているかを聞いたら、各省庁がそれぞれ出しているので把握していないと、ニべもない返事だった。小野寺氏はこう指摘する。

「アイヌ新法に基づく『アイヌ政策交付金』と合わせ、二〇二一年はわかっているだけで五十八億五千九百万円がウポポイの管理維持や、アイヌ民族に関する事業振興を策定した市町村に配分されています。そして、税金を使って「倭人がアイヌを侵略した」と誤った歴史観を流布しています。

二〇一九年度の大学入試センター試験（現在の共通テスト）の日本史Bでは、明治まで北海道は日本ではなかった、との記述が見られた。彼らこそ本物の歴史修正主義者《リビジョニスト》です」

公共財団法人「アイヌ民族文化財団」は、小中学生向けの副読本「アイヌ民族：歴史と現在」を発行し続け、北海道のすべての小学生と中学生、また全国の小中学校にも配布し続けている。前にも指弾したが、内容を見ると驚くしかない。

《一八五〇年ころ、北海道のほとんどの場所に、アイヌの人たちが住んでいました。しかし、一八六九年に日本政府は、この島を「北海道」と呼ぶように決め、アイヌの人たちにことわりなく、一方的に日本の一部にしました。そして、アイヌ民族を日本国民だとしたのです。しかし、日本の国はアイヌ民族を「旧土人」と呼び、差別し続けました》

案の定、活動家たちは「先住民であるアイヌ民族に対する差別であり加害の歴史の改ざん」と印象操作を図っている。それを朝日新聞や北海道新聞が援護している形だ。小野寺氏は「斉明天皇四年（六五八年）から三年をかけ、阿倍比羅夫《あべのひらふ》は蝦夷《えみし》を服属させました。そういう歴史的事実があるのに、明治まで日本じゃないはずがない。こういった歴史問題には、中国が必ず便乗してくる」と批判している。

実際、アイヌ活動家たちは反天皇を掲げ、「倭人は北海道に借地料を払え」「北海道をアイヌ自治区にしろ」と主張している。一方、中共は「アイヌの皆さん、一緒に北海道を取り戻しましょう！」と水面下で煽っている。北海道をウイグルやチベットと同じく中共の支配する自治区にするための、アイヌを利用した完全な国家分断工作を展開しているといえよう。

小野寺氏によると、「アイヌを少数民族とする国連の『先住民族権利の宣言』では、『先住民族のいるエリアには軍を駐留させてはいけない』としています。琉球とアイヌの独立に奮闘する上村英明市民外交センター代表の草案がそのまま採用されていますが、琉球民族を先住民族として認識させれば米軍を追い出せる、という彼の思惑が反映されています。

これにより、自衛隊は軍ではないからこそ北海道に駐留できているものの、憲法改正によって軍として認められれば、自衛隊も北海道から追い出されることになる。

おそらく活動家たちは、いつでも『出ていけ』と叫ぶ心の準備ができているはず」とのこと。

ちなみに、上村センター代表は「衆議院議員　菅直人　秘書」との肩書が書かれた名刺を持ち歩いていた男だ。

それに「先住民族権利の宣言」には「先住民族が望む軍隊は配備できる」とも書かれているとのことだから、中国がアイヌ独立を手助けして信頼関係ができれば、人民解放軍が北海道に駐留することは可能になるのだ。となれば……。そう、「北海道」は「クリミア」と同じことになる可能性もあるのだ。

ウポポイの正式名称は「民族共生象徴空間」だ。「民族」「共生」は中国がウイグルやチベットに対して使う表現だ。中国にとって北海道はウイグル同然なのだろう。

その証拠もある。小野寺氏はこう言う。

「二〇〇八年の洞爺湖サミットの際、胡錦濤国家主席とともに中国国務委員として来日した唐家璇《とうかせん》は四年後の二〇一二年、日中友好協会の会長として白老町を視察しています。なぜ白老町なのか、と不思議に思って道庁を通じて調べると、なんとウポポイの建設予定地を見学していた。

日中国交正常化（一九七二年）の二年後、中国政府からアイヌ協会へ正式な招待が来て、アイヌの一行が中国の先住民族と交流していた過去もあります。先住民族が利用できると思っている可能性は高い」

ウイグル、チベット、南モンゴル、そしてアイヌ――「倭人もアイヌを弾圧し、虐殺したではないか」とキャンペーンが始まる日も遠くないかもしれない。

小野寺氏によると、以前、北海道新聞に「琉球の独立を目指す大学教授」として龍谷大学の松島泰勝教授が紹介された際、「（琉球独立は）北海道のアイヌを使った分断工作を見習え」という趣旨の号令を出していたという。北海道と沖縄の問題は大きく連動しているから、くれぐれも中国の分断工作にひっかからないように我々日本人は心して注意しなければいけないだろう。

ちなみに、この松島泰勝氏には『琉球独立への道　植民地主義に抗う琉球ナショナリズム』（法律文化社）という本がある。一読すると荒唐無稽だということが理解されよう。

まず、沖縄が独立したら米軍基地を引き取ってもらうとのこと。

「アジアの緊張を高める米軍基地は琉球の抑止力にはならない。米軍は琉球人に対して事件・事故という形で常に暴力をふるい、有事の際には琉球は攻撃の対象となる。琉球は外交権を行使し、周辺諸国と『非武装・中立化協定』を調印する」

そして「自らの憲法に『9条』を明記する。琉球は国として日本国から分かれることで『戦争の島』から『平和な島』へと生まれ変わる」と記している。そしてこう指摘もする。

「琉球独立に反対する日本人は、独立すれば、軍拡を進めている中国が琉球を侵略するにちがいないと主張することが多い。もし中国が140万人の地域を侵略したら、国際法違反となり、世界中から非難をあび、常任理事国の地位から追い出され、経済制裁をうけるだろう。経済成長の道を歩み、第三世界に対する国際協力を増やして国際的な地位を高めている中国が、琉球への武力進攻という大きなリスクを冒してまで、琉球を得ても何のメリットもないだろう。尖閣列島の石油資源を取得したとしても、世界中を敵に回して貿易ができなければ中国自体の破壊につながる。中国の琉球侵略は国連の存在そのものを否定することになり、中国は地球上に生存できなくなるだろう」

「日本が琉球を侵略し、現在も日米両国による植民地支配下に琉球がおかれているというのは歴史的事実であり、現状である。今、琉球が直面している異常な、違法な占領状態を終焉させることが、琉球人にとっての最優先課題となる」

「ロシアがウクライナを侵略」し、「国際法違反」と非難され、「経済制裁をうける」ようになっても、「常任理事国の地位から追い出される」こともなく、悠然と「地球上に生存」している。松島氏の右記の常軌を失した左翼イデオロギー的妄言を真に受けて、沖縄独立や北海道独立を論じれば、沖縄は中共の植民地となり、北海道はロシアの植民地となりうるかもしれない。ロシアや中共に操られたかのような怪しい言説には注意したいものだ。

第七章

二〇二×年には、北海道は「日本のウクライナ」になってしまう？

仰天の要望書――千島をアイヌ民族の自治州に？

アイヌ問題は前の章でも採り上げたが、さらに驚くべき事実が発覚した。アイヌ民族有志のグループ「モシㇼコㇽカムイの会」（畠山敏代表、紋別《もんべつ》アイヌ協会長）が、ロシアのプーチン大統領宛の要望書を提出していた事実をご存じだろうか。

二〇一九年一月十一日、在札幌ロシア連邦総領事館にファブリーチニコフ・アンドレイ総領事を訪問、ロシア・日本両政府間のいわゆる北方領土交渉に関連して、総領事に要望書を提出したのだ。その中には、以下のような文言が見られる。

《1．クリル（千島）諸島をアイヌ民族の自治州／区としてください。
2．クリル諸島沿海域をアイヌ民族による漁業資源管理エリアとしてください。
3．クリル諸島の自然環境を保全してください。とくに南クリル地域については、UNESCO世界自然遺産登録地である知床《しれとこ》半島（北海道島）との一体的な保全管理をご検討ください》

ちなみに、要望書に名前を連ねている畠山代表とはいかなる人物だろうか。彼は二〇一九年、北海道紋別市の川で、サケ漁は先住民族の権利（先住権）だとして、道に許可申請をせずにサケを捕獲し、書類送検されている。

また、副代表を務める石井ポンペ氏は札幌アイヌ協会の元支部長で、主体《チュチェ》思想セミナー講師を務めていた経歴が二〇一一年に道議会で追及されたことがある。

愛知県で開催された国際芸術祭「あいちトリエンナーレ2019」の企画展「表現の不自由展・その後」が一時中止になった騒動を踏まえ、札幌市の施設で企画展「北海道・表現の自由と不自由展」が一日限定で開催された。《実行委によると、約10団体が参加。元慰安婦を象徴した「平和の少女像」のミニチュアや、（略）アイヌ民族の権利を訴える展示も》（「サンケイスポーツ」二〇一九年十二月二十一日付）といった問題の多い企画展だった。その開幕前の式典で、実行委の共同代表でもあった石井氏が登場、神に祈る儀式「カムイノミ」を行い、企画展の成功を祈るパフォーマンスを行っている。要するに活動家の類なのだ。

「モシリコルカムイの会」とは、このような経歴の人々が名を連ねている団体である。

ホンネはロシア管理下希望？

ともあれ、プーチン大統領に提出した要望書には、いみじくもアイヌの本音が露呈されている。

要するに「千島列島をアイヌの自治州にして、千島列島のみならず北海道の知床半島までをロシア様が管理してください」と言っているに等しく、日本の国土の一部をロシアに売り渡す算段とも言えよう。日本政府にとっては到底看過できない話だ。

アイヌ問題に詳しい元北海道議会議員の小野寺まさる氏は、次のように指摘する。

「これはロシアにより国家を分断されたウクライナのようになりかねない懸念材料です。嘆願書では千島列島だけを自治区にして、なぜ知床は含めなかったのか、ここが重要です。道内の一部まで自治区にと書いたら、さすがに国内から猛反発が予想されることから、ジワジワとロシアが浸透できる計画を考えたのでしょう。知床半島は二〇〇五年にユネスコ世界遺産に登録されました。国連に認定されたエリアを国連安保理常任理事国のロシアが〝自然環境保護〟の名目で、ロシアとアイヌだけが出入りできるように立ち入り制限をし、折を見て実効支配を試みる可能性もなきにしもあらずです」

現に二〇一八年十二月、プーチン大統領は、
「日本がアイヌ民族を北海道周辺の先住民族としたように、ロシアのアイヌ民族をサハリン及びクリル諸島周辺の先住民族とする」
と発言している。

日本がアイヌを先住民族と認定したことで、ロシアも「ならば、こちらにもアイヌ民族はいる」と北方領土交渉など外交案件で「アイヌ民族」を利用できると踏んだのだ。ということは、ロシアが在ウクライナロシア人の保護を名目にクリミアなどに侵攻したように、アイヌ保護を名目に、隙あらば南下してくる可能性は否定できない。

プーチン発言の真意を読み解くには、いかにしてアイヌが〝先住民族〟として認定されたのか、そのプロセスを知る必要がある。

長年、民族として認定されなかったアイヌが、日本の少数民族となったのが、前述したように一九九一年。さらに二〇〇八年六月六日、国会の衆参両院において、「アイヌ

民族を先住民族とすることを求める決議案」が全会一致で採択された。この時点で日本はアイヌをそれまでの歴史を一切無視した形で「先住民族」として認定したのだ。

そして、二〇一九年四月、従来のアイヌ文化振興やアイヌ福祉政策に加えて、地域や産業の振興などを含めた、さまざまなアイヌの課題を解決することを目的としたアイヌ新法（アイヌ民族支援法：正式名称「アイヌの人々の誇りが尊重される社会を実現するための施策の推進に関する法律」）が成立、その中でアイヌ民族は初めて「先住民族」と明記された。

この動きを事前に察知したプーチン大統領は、アイヌ新法が成立する四カ月前に、日本側のアイヌ民族を利用した北方領土交渉を無力化するための先制パンチとして、先の発言をしたと言えよう。

実は先の決議案（二〇〇八年）の草案は、鈴木宗男代議士が書いたものだった。私は二〇〇八年七月七日、アイヌを先住民族にするための旗振り役をつとめていた鈴木氏に取材している。そのとき、鈴木氏は、

「アイヌ民族を北海道の先住民族とすれば、北方領土はもとよりサハリンの天然資源もプーチン大統領に主張できる。ゆえに私はアイヌを先住民族にすべく汗を流したのであ

る」

といった趣旨の発言をしていた。

アイヌが少数民族から先住民族になったのは極めて政治的な思惑が交差した結果だったのだが、その主張が極めて浅はかな根拠に基づくものであり、それゆえに日本の命運を大きく狂わせたことが今となっては理解できる。

中国・北朝鮮・ロシアがアイヌを熱烈歓迎する背後にあるもの?

実は「先住民族」認定以前から、「アイヌ自治区構想」なるものが叫ばれていた。代表的なのが「アイヌ・モシリの自治を取り戻す会結成趣旨」（一九九二年二月十三日）を起草した、新谷幸吉氏（故人）だ。会の発足理由には、

《何よりもこの会を結成する、直接的なきっかけとなったのは現在政府間で進められている、返還交渉にアイヌ民族の声が反映されていない、無視されている、ということからなのです》

とあり、

《この会は、歴史的にアイヌ民族の領土であるアイヌ・モシリ、現北海道カラフト、サハリン、千島諸島の領有権を主張し、アイヌ・モシリとしての自治を取り戻すことを世界に向かって宣言し、運動を展開する》

と発足の目的が書かれている。また、

《新谷さんが一九九〇年にモスクワに行ったのは、インディアンとの連携からでした。また、アイヌ・モシリの自治を取り戻す会にも、サハリンの同胞たちや二風谷《にぶたに》、ウィルタ、ナナイなど原住・先住民族との連携をつなげていくという目的が含まれています。これらの復権運動の大きな礎となったのは結城庄司さんでした。その偉大な結城庄司さんを陰で支え、黒子に徹してサポートしたのは新谷幸吉さんあなただった、と多くの同胞に聞いております》（『アイヌ・モシリ―アイヌ民族から見た「北方領土返還」交渉』アイヌ・モシリの自治区を取り戻す会・編）

などと、海外との連携を深めていったプロセスが書かれている。

仮にアイヌ自治区構想が認められたとしたら、重要な問題が浮上することになる。「先住民族の権利に関する国際連合宣言」（国連総会第六十一会期／二〇〇七年九月十三日）で定義されている軍事活動に関する規約が引っかかるからだ。

「第三十条　軍事活動の禁止

①関連する公共の利益によって正当化されるか、もしくは当該の先住民族による自由な合意または要請のある場合を除いて、先住民族の土地または領域で軍事活動は行われない。

②国家は、彼（彼）女らの土地や領域を軍事活動で使用する前に、適切な手続き、特にその代表機関を通じて、当該民族と効果的な協議を行う」

とある。つまり、アイヌを先住民族とし、自治区を与えてしまうと、彼らがノーと言えば、そのエリアに自衛隊すら駐屯できない可能性も出てくるのだ。

さらに、このアイヌ自治区構想は、近隣諸国が日本を分断するツールとして浸透工作している案件だ。中国は一九七〇年代以降、社会党の岡田春夫衆議院議員が橋渡し役を務め、アイヌを国賓待遇で何度か招待している。チベット、ウイグル、南モンゴルを弾圧し、国内に少数民族問題を抱える中国がアイヌを熱烈歓迎した思惑は推して知るべしだ。

北朝鮮関連ではアイヌ協会関係者の中に主体思想に携わっている者も多く、前章でも触れたが、現在北海道に浸透している〝樺太アイヌ強制移住〟という虚偽の主張は慰安婦問題や戦後補償デッチ上げプロパガンダと同根だ。

余談になるが、二〇一二年二月六日、ロシア国営ラジオ放送「ロシアの声」が、「日本人が、アイヌの剣も、お辞儀も、腹切りも自分の文化にした」と題された放送を行っている。「桜も柔道も我が国が起源だ」といって憚《はばか》らない隣国の反日活動家の発想に酷似《こくじ》していると思うのは私だけではあるまい。

〝アイヌ自治区構想〟を画策する人々

実は日本を狙う諸外国の浸透を誘発するトリガーとなり得る〝アイヌ自治区構想〟は、一九八〇年代から始まっている。

事の発端は一九八二年の国連で産声《うぶごえ》をあげた〝国連先住民会議〟（少数民族差別防止と保護に関する小委員会の下部組織）だ。アイヌの歴史を書き換え〝先住民族〟に仕立てあげる工作が国連を舞台に展開された。

主なキーパーソンは市民外交センター代表・恵泉女学園大学教授、上村英明氏。前述したように、「衆議院議員 菅直人 秘書」の肩書を入れた名刺を持って活動していたという。

二〇一五年、スイスで開かれた国連人権理事会で翁長雄志《おながたけし》元沖縄県知事（故人）が米軍普天間基地の移設計画について、沖縄に米軍基地が集中する実態を紹介し、「沖縄の人々は、自己決定権や人権をないがしろにされている」などといった事実無根のスピーチを行った。その演説枠を提供したのが、上村氏が代表を務める市民外交センターだったことも明らかになっている。

さらに、上村氏にアイヌの先住民族認定を日本国政府より先に国連で認めさせるべきだと入れ知恵したのが、九州女子大学教授の手島武雅氏と、国連人権センターの久保田洋氏である。一九八五年、アメリカで先住民族を研究していた手島氏は、《私は個人の資格で第三会議（国連先住民作業部会）にオブザーバーとして参加する機会を得た。そして、議場にアイヌの人の姿がなかったことに驚いた。日本政府は日本には先住民族は存在せず、したがって先住民族問題など存在しないという立場を取っており、会議には政府代表を送っていない。アイヌ民族と会議の双方を無視した政策である。

したがって、私の知る限り、国内でも先住民族会議に関する情報を普及させる努力は行われていないようだ。しかし、もしアイヌの代表が会議に出席すれば、日本政府はもう少し真剣な取り組み方を迫られるのではないだろうか。また出席することで、不利益な決議に待ったをかけることも可能となる。

アイヌ民族が国連先住民会議を自らの解放運動の一つの手段として真剣に考慮されることを願って、本稿を結びたい》(『現代の理論』23)

などと述べている。

もう一人のキーパーソンである久保田氏は国連人権センターの職員で、反差別国際運動(IMADR)の学術顧問でもあった。上村氏は《当時の国連人権センターに久保田洋さんという人権担当官がいて、日本の市民運動は国連の枠組み、特に国際人権法という枠組みを活用すべきだと主張されていました。日本に帰国されると、いつも小さな勉強会を主催され、僕もそれに参加して国際法や国連システムを学びました》(上村英明など編著『市民の外交』法政大学出版局)と、久保田氏を評している。

さっぽろ雪まつり以外にも様々なことで不正会計が指摘され、北海道アイヌ協会副理事長を退任した阿部ユポ氏は「市民外交センターがなかったら国連なんか行かなかったんだから。おそらく今ごろ、同化されてアイヌ民族なんてなくなっていますよ」などと市民外交センターの存在意義を強調している。

なお、久保田氏は一九八九年、自動車事故で急逝されているが、故人の名誉のためにも若干の説明をお許し願いたい。久保田氏はＩＭＡＤＲに対し、一九一九年に日本が国際連盟に「人種差別撤廃」を提案したことを挙げ、そういった日本の伝統を重んじながら国連の場で「左派も右派も良きライバルとして意見を戦わせてほしい」といった趣旨の発言をしているのだ。ところが、左派活動家たちは久保田氏の当初の期待を葬り去り、日本はアジアを侵略したという悪玉史観で国連にロビー活動を続けたことは歴史が証明している。ＩＭＡＤＲの産みの親でもある久保田氏から現状を見れば皮肉な結果としか言いようがない。

ちなみに阿部氏は、

《北海道には明治維新以前は、松前藩など端っこにしか和人は住んでいなかった。それなのに明治時代になると北海道を一方的に日本の領土にして、アイヌを全部、日本国民にしてしまった。そしてアイヌ語、アイヌ文化を禁止した。調べてみると、一〇〇年ぐらいの間に植民地に本国から五百万人以上も移住させたというのは、世界でも例がないということがわかった》(『市民の外交』)

などと、荒唐《こうとう》無稽《むけい》な歴史観を上村氏らの前で臆面もなく展開している人物だ。

主体思想の指南通りに

現時点で北海道アイヌ自治区構想は現実離れした話に聞こえるかもしれない。ところが、彼らは三十年かけて自治区にするための布石としてアイヌ新法制定を実現させてきたのだ。

主体思想研究会の創設メンバーの一人であり、主体思想国際研究所の事務局長を務める尾上健一氏が一九八七年に書いた指南文書を読むと、日本政府が主体思想の指南通りにアイヌ政策を実行してきたことが理解できる。

《多くのアイヌ民族が住んでいる北海道を特別自治区にするということも重要でしょう。（略）いわゆる北海道の歴史というのは100年しかなく、それ以前の歴史はアイヌの歴史です。しかし、北海道を特別自治区にするという課題はいますぐに成熟した政治課題にはなっていません。このような政治的課題に先行するのが「アイヌ民族に関する法律」を制定していく課題です》（尾上健一『自主の道』五月書房）

三十年前にプランニングされた自治区構想にそって、二〇一九年、アイヌ新法が制定されたことを多くの日本人は知る必要がある。

そして現在に至っても、アイヌは北海道における自治権や自治区を要求し続け、国連からもアイヌの要求を受け容れるよう日本政府に勧告が出されている。いわゆる徴用工問題でも産業遺産情報センターに「フルヒストリーを展示しろ」などと韓国側のロビー活動が功を奏した同様の手法がみられる。

だが、そんなユネスコの不当な勧告に対して、産業遺産情報センターには「一次史料」に基づいて展示するという信念を貫き、そうした圧力には断固屈しない加藤康子氏がおられるので安心だが、北海道の鈴木直道知事は手放しでアイヌ政策を推進しており、さまざまな面で不安が募る。

しかも国会議員までアイヌ政策に積極的に参加しているのだから始末に負えない。

二〇二二年一月二十九日、札幌市で「日露地域・姉妹都市交流年開会式」が開催され、林芳正外務大臣はビデオメッセージを出し、鈴木貴子外務副大臣が直接出席している。

ほかにもロシア側からイリチョフ、ウラジーミル・エフゲニエヴィチ・ロシア連邦経済発展次官がオンラインにて出席し、レシェトニコフ、マクシム・ゲンナジエヴィチ・ロシア連邦経済発展大臣のメッセージをイリチョフ次官が代読した。鈴木外務副大臣は挨拶の中でしっかりと「先住民族アイヌ」という言葉を入れている。実は鈴木氏はアイヌの歴史書き換えについても相当深く関与している。

今になってアイヌを先住民族とする決議案を採択したことが、将来の日本にどんな禍根を残すことになったたか、いみじくもロシアのウクライナ侵攻が証明してくれたのは、なんとも皮肉な話だ。

日本政府は、これまでアイヌ政策に巨額の血税を注いできた。ちなみに内閣官房アイヌ総合政策室がまとめた国交省、文科省、内閣府あわせた二〇二一年度のアイヌ予算は約七十六億円となっている。さらに今年度は前年度比二%アップだともいわれている。実際に、アイヌ総合政策室にアイヌ予算について問い合わせたところ、「各省庁が拠出しているので全体でいくら拠出しているのか把握していない」とのことだった。そこで仕方なく国会議員を通じて、この数字を教えてもらった。

過去に道議会でアイヌ不正会計を追及してきた小野寺まさる氏はこういう。

「七十億円台でおさまるはずがありません。国の予算以外に、例えばアイヌ事業を地方で行う場合には、北海道や市町村などが、事業費を拠出しますので、使う税金は総額いくらになるのかわかりません。さらに『アイヌ事業』という名目がつかない形でのアイヌ事業も相当数存在し、民間団体でも各種アイヌ事業を行っていることから、アイヌにどれだけお金を使われているのかわからず、年間百億円はゆうに超え、総額いくらのお金が拠出されているのか見当もつきません。現に、新型コロナでアイヌ事業が中止されたことで、アイヌ事業の予算消化の不可解な動きがみられます。今年になってＣＭなどで、全国規模でアイヌのウポポイが放映されています。人気アニメ『鬼滅の刃』放送中にも、何度挿入されたかわかりませんし、ＳＮＳでも執拗に登場します。おそらく、さっぽろ雪まつりで消化しきれなかった予算を広告代理店などが絡んでＣＭで必死に消化しているのでしょう」

しかも、昔と違って近年は、むしろ日本政府が後ろ盾となり、ふんだんな予算を背景にアイヌキャンペーンが全国規模で展開されている。

第一次安倍内閣退陣表明の翌日、二〇〇七年九月十三日、国連総会の場で日本政府は先住民族権利宣言に賛成票を投じてしまったことから、今後もアイヌを利用する反日分子は政局の混乱の隙をついて、アイヌに特別な権利を付与した法案を通そうとするであろう。

現に北方領土はロシアに不法占拠されている状態にあるが、もしや日本政府が北海道内でアイヌに自治区と自治権を与えようものなら、たちまちロシアがそのエリアを不法占拠し北海道侵略の拠点とする可能性もなくはない。これは日本分断のプレリュードとなりかねない。我々日本人にとってウクライナ戦争は決して対岸の火事ではないのだ。明日の日本の姿でもあるのかもしれないのだから。

おわりに——日本国の自立・覚醒を急がねば

アメリカのナンシー・ペロシ下院議長は二〇二二年八月二日夜、米軍専用機で台湾を訪問し、三日午前、台北の総統府で蔡英文総統と会談した。五日、岸田文雄首相はペロシ氏と朝食会を行い、韓国のユン大統領は、夏休み中を理由にペロシ氏と面会を拒否。中国に操を立てたつもりであろうが、過去の歴史を振り返るにつけ、朝鮮半島の事大主義は相変わらずだ。

ともあれ、訪台前から中国はペロシ氏を乗せた専用機を撃ち落とせだの、台湾侵攻するだの、なりふりかまわぬ恫喝、戦狼外交を行った。実際には彼女が台湾に滞在している間はなにもできず、台湾を離れてから、威勢よく台湾をぐるりと囲んで軍事演習。腹いせに日本のＥＥＺにまでミサイルを着弾させた。主要七カ国（Ｇ７）外相が中国の軍事演習に対して非難声明を出したことへのあてつけか、中国は日中外相会談をドタキャンし、カンボジアで開催中のＡＳＥＡＮ＝東南アジア諸国連合で林外務大臣が発言した際に中国の王毅外相は退席した。外交儀礼を失した王毅外相の立ち振舞は世界から失笑をかってしまった。

やはり中国は世界の覇権国家になる資質が著しく欠けていることが、日に日に露わになって世界の共通認識となっているが、〝愛される中国キャンペーン〟だの〝人類運命共同体〟だの、諸外国からの冷たい視線はどこ吹く風で、自国の腐敗や矛盾を覆い隠すため、ひたすら〝世界一の覇権国家中国〟という虚勢を張り続けていることが、なんとも痛ましい。

私はペロシ議長と交差するかのように、八月六日に自衛隊取材で沖縄入りした。たびたび領空侵犯する中国機に対して沖縄の空にはスクランブル発進の轟音が鳴り響いていた。安全保障に敏感な地元民がこう言う。

「与那国、宮古、石垣など離島住民の緊張は高まっています。宮古には二〇二三年三月に自衛隊の駐屯部隊が置かれる予定ですが、もっと早急に自衛隊配備を進めて欲しいという声が聞かれます。とはいえ、沖縄本島の一般的な県民はのんびりしています。在沖米軍も自衛隊も駐屯しているから、『なんくるないさぁ〜』（なんとかなるさ）といった平和ボケ状態が続いています。何しろ地元メディアはいまだに軍隊＝悪といったお花畑報道に徹しているので、どうにもなりません」と肩を落とした。

地元メディアの代表といえば沖縄タイムスと琉球新報だ。その中でも看過できない報道を見かけたので紹介したい。私が長年追いかけ、過去に取材した沖縄の牧師・金城重明氏が他界され、両紙ともその訃報を第一面のみならず他の面でも報じ、神格化しているのだ。死者に鞭打つことは日本的ではないので私も金城氏個人について今更あぁだ、こうだという気はないが、金城氏の死まで利用し、未だに沖縄の歴史を歪めている報道姿勢の問題点は、あらためて指摘しておかないと、今後、沖縄南西諸島の安全保障問題にも関わることなので苦言を呈しておきたい。

金城重明氏は、沖縄集団自決軍命令問題で〝軍の命令があった〟という証言をし続けた人で、「軍命令があったとする側」のスポークスマン的存在だった。実際には軍の命令はなかった。詳しくは拙著『強欲チャンプル　沖縄の真実』（飛鳥新社）や曽野綾子氏の『ある神話の背景　沖縄・渡嘉敷島の集団自決』（角川文庫ほか）などを参考にされたい。

ではなぜ軍命令があったと歴史が書き換えられたのか？　それは自発的な自決では遺された島民たちに援護金支払いの対象とならないので、軍人たちが戦後、冤罪の十字架を背負わされ続け、軍命令ということにしていたからに他ならない。更に、この問題には援護金のみならずアメリカの対日世論工作も絡んでいたので、そう簡単に歴史の見直しが進められることもないと思う。

とはいえ、戦後七〇年以上もたち、いい加減に沖縄メディアも、真相究明は難しくとも（アメリカの宣撫工作のお先棒を担ぎ続けてきたので、今更、方向転換は難しい）、せめて金城重明氏を神格化するのだけはやめていただきたかった。私は二度ほど、生前の金城氏に取材している。会話を重ねれば、彼の矛盾も見えてくるし、たとえ虚偽であっても沖縄のスポークスマンと生きるしか術がなかった金城氏の心中にも察しがついた。

例えば、「何故、日本軍は住民に自決命令など出さねばならなかったのですか？　島民を守るために全国から沖縄にかけつけ、米軍を迎え撃とうとしていた人たちなのに」とのシンプルな問いに対し、金城氏は少し考えながら「島民が死んだらその分、食料が日本軍にまわるからでしょう」などと苦し紛れな回答をしたことがあった。百歩譲って日本軍の中には一人や二人そのような不遜な輩がいた可能性も否定できないが、島民を守る守備隊長としての立場で、自分たちの食料確保のために自決命令を下したなどということがもし事実だったとしたら、戦後の島民たちの梅澤裕氏（座間味守備隊長）、赤松嘉次氏（渡嘉敷守備隊長）に対する歓待、感謝の言葉をどう解釈したらいいのか？
亡くなってからもなお、自身の虚偽が真実として後世に伝えられ、神格化されてしまうことに、誰よりも苦しい思いをされているのが実は金城氏ではないかと思わずにはいられない。

次に、沖縄メディアの報道を紹介する。

『沖縄キリスト教短期大学第三代学長で、渡嘉敷島の「集団自決」（強制集団死）の生き残りとして悲劇を語り継いだ金城重明氏が、7月19日、心不全のため那覇市内の病院で死去した。93歳。（略）1945年3月、金城さんら渡嘉敷村阿波連の住民は、駐留していた日本軍に、集落から離れた陣地への移動を命じられた。その場で手榴弾などを使った集団自決が起き、金城さんは兄と二人で母や妹弟を手にかけた。
戦後、著作などで自らの体験を公表した。集団自決の軍命がなかったとする歴史修正の動きに対し、一九八八年の第3次家永教科書裁判、二〇〇七年の大江健三郎岩波裁判で自らの体験を証言し、軍の関与を認定する判決に影響を与えた。県外からの修学旅行や県内の学校の求めに応じて講話を続け、沖縄戦の悲劇の一つである集団自決の悲劇を次世代に継承する上で大きな役割を果たした過酷な経験、次世代へ金城さんの証言は、集団自決の軍命を否定する歴史修正の動きを制する上でも貴重だった』琉球新報　七月二十四日付け　第一面。

『集団自決に関する教科書記述に詳しい高嶋伸欣琉大名誉教授は「(軍関与を認めた)大江・岩波訴訟の判決後、歴史修正を狙う勢力の口出しは止まった。金城さんたちの証言に太刀打ちできなかったのだろう」と指摘』同紙　第27面

『御引退後も(金城)先生は、毎年必ず渡嘉敷の「集団自決」のその現場で「学院」の新入生や教職員に「イエス、キリストとの出会い」と題した講演をしてくださった。講演で印象的なのは強制集団死をもたらした、当時の教育的背景への深い洞察である。著書『集団自決を心に刻んで』の最初の部分にも書いておられるが、あの悲惨な事件の原因

として、『皇民化教育』を真っ先に挙げておられる。それは、家永裁判でされた証言に通底する確信である』

沖縄キリスト教学院大学・短期大学学長　金永秀氏の追悼文。（同紙　23面）。

沖縄タイムスも同日、1面、29面を使い「沖縄戦の真実を伝えた」と題し、琉球新報と同じような論調だ。

沖縄メディアは金城氏の経歴について一切触れていない部分がある。実は金城氏は、十八歳で渡嘉敷島から沖縄本島にわたり、軍政府（後の米民政府）の「情報教育部」に勤めているのだ。両親兄弟を殺《あや》め、天涯孤独ともいえる金城氏は、東京の青山学院大学文学部基督教学科に留学（当時は米軍施政権下にあったので文字通り留学）、更に、アメリカのNYユニオン神学大学修士課程を卒業。帰沖後、沖縄キリスト教会の中心人物となり、キリスト教短期大学の学長をへて名誉教授になるという成功物語の裏に、本人の才覚があったことは間違いないが、一方でアメリカがこうして金城氏を育て上げ、占領地における宣教師の役割を担わした意図、その真意も見落としてはならない。

沖縄を去る八月八日、東京都の硫黄島沖でマグマが噴出し、これは千年ぶりの可能性があると報じられた。

大東亜戦争の激戦地として知られる硫黄島は、現在、自衛隊の航空基地となっており、いまだに未回収の遺骨が眠っている。二〇一三年、硫黄島の慰霊祭に訪れた故・安倍晋三元首相は飛行場の滑走路で突然、ひざまずかれて手を合わされたという。その滑走路は戦後、遺骨の上にそのままコンクリートを流しこんで作られたものだという。安倍氏の心情は推して知るべし。今でも駐屯している自衛隊員は、慰霊のため宿舎の部屋の前に毎晩飲み水を欠かさずに置いて眠りにつくのだという。

自衛隊員たちの死者を弔う気持ちは説明するまでもない。

戦後、米軍の対日心理戦で「悪かったのは旧日本軍。日本国民は善良な市民」といったプロパガンダの御先棒を担ぎ続けた大マスコミ、進歩的文化人、そしてそのプロパガンダをこれ幸いと利用してきた中国共産党や朝鮮半島の活動家たち。

ことほど左様に日本弱体化の劇薬が日本全土に撒かれようとも、例年、靖國神社参拝をする若年層も増えている。

私たち日本人は、ほんの些細なきっかけさえあれば、きちんと先人たちの想いにつながることができる、時空を超えた魂の存在だということを皮膚感覚で知っている。その感覚こそ、歴史の縦軸をつなぐ国防精神の要だということだ。

微力ながら、私も様々な歴史戦について書いてきたが、真相究明に全力投球できた最大の理由は、すでに鬼籍に入ってもの言えぬ先人たちの祖国を愛する気持ちを受け止め、その思いを次世代にバトンタッチせねばという思いにかられてのことだった。

だからこそ、八月二十六日には、名古屋で再び開催された、いわゆる「表現の不自由展」に、私は取材に出かけた。というのも、韓国の市民団体「慰安婦法廃止国民行動」代表を務める金柄憲氏らが来日し、少女像を制作した作家のトークイベントに出席すると聞いたからだ。金氏は第一章でも触れたように、「慰安婦問題は国際詐欺劇」と言って憚《はばか》らず、ソウルの日本大使館前やドイツなどで少女像撤去活動を行っている。今秋には慰安婦問題の虚構を暴いた『赤い水曜日』の日本語版が文藝春秋から訳出される予定だ。

少女像を彫刻したキム・ウンソン、キム・ソギョン夫妻に対して、金柄憲氏は「貴方らが書いた著書に慰安婦たちが日本軍に強制連行され残虐なことをされたという記述があるが、その証拠を教えて欲しい」と問い詰めた。夫妻は「強制動員の証拠は慰安婦の証言がすべてだ」と言うだけだった。

彫刻家とのトークイベントは撮影禁止だったが、ＮＨＫは主催者側から撮影許可を得ていたらしく撮影をしていた。ならば、ＮＨＫは彫刻家と金氏のやりとりを全国放送すべきではなかっただろうか？

金氏は展示会見学後、「少女像は彫刻家の誤った歴史認識が投影された、偽りと憎悪の象徴物」「表現の自由は当然尊重されなければならない。しかし、嘘を土台にした表現まで尊重される資格はない。少女像は平和ではなく次世代にわたってまで、対立と葛藤だけを引き起こしている」と述べた。

その後、金氏らは近くの広場で『表現の不自由展』に対して抗議活動を行った。今まで日本人が慰安婦問題に疑義を呈しても、慰安婦プロパガンダを広めたい人たちは「韓国人へのヘイトだ」「歴史修正主義」などと言って言論封殺を試みてきた。ところが当の韓国人がわざわざ韓国から来日して慰安婦問題の本質を単刀直入に切り込んでみせたのだから時代は確実に変わってきている。この抗議活動は産経新聞（八月二十八日付け朝刊）が社会面で大きく報じたが、それ以外のマスコミはほぼ黙殺したようだ。

ともあれ、私には硫黄島沖の噴火が、祖国の輝かしい未来を信じて散華され、南洋諸島でいまだ帰還できずにいる英霊たちの、ふがいない戦後日本に対するやるせない思いを爆発させているかのように思えてならない。今こそ彼らの遺志を受け継いで、日本国の自立・覚醒を急がねばならないという思いを新たにしつつ、筆をおかせていただく。

二〇二二年（令和四年）八月

大高未貴

大高未貴（おおたか　みき）
1969年生まれ。フェリス女学院大学卒業。世界100カ国以上を訪問。チベットのダライラマ14世、台湾の李登輝元総統、世界ウイグル会議総裁ラビア・カーディル女史、ドルクン・エイサ氏などにインタビューする。『日韓〝円満〟断交はいかが？　女性キャスターが見た慰安婦問題の真実』（ワニブックス）、『イスラム国残虐支配の真実』（双葉社）、『日本を貶める―「反日謝罪男と捏造メディア」の正体』『捏造メディアが報じない真実』（ワック）など著書多数。「真相深入り！ 虎ノ門ニュース」（レギュラー）、「サンケイ・ワールド・ビュー」などに出演している。

「日本《にほん》」を「ウクライナ」にさせない！
中露《ちゅうろ》の静《しず》かなる侵略《しんりゃく》に気《き》づかない日本《にほん》

2022年10月4日　初版発行

著　者　大高 未貴

発行者　鈴木 隆一

発行所　ワック株式会社
東京都千代田区五番町4-5　五番町コスモビル　〒102-0076
電話　03-5226-7622
http://web-wac.co.jp/

印刷製本　大日本印刷株式会社

ISBN978-4-89831-874-4